中财传媒版 2020年注册会计师全国统一考试辅导系列丛书

税法全真模拟试题

财政部中财传媒 注册会计师考试辅导丛书编写组 编

中国财经出版传媒集团
中国财政经济出版社

图书在版编目（CIP）数据

税法全真模拟试题／财政部中财传媒 注册会计师考试辅导丛书编写组编．
--北京：中国财政经济出版社，2020.3
（中财传媒版2020年注册会计师全国统一考试辅导系列丛书）
ISBN 978-7-5095-9613-5

Ⅰ.①税…　Ⅱ.①财…　Ⅲ.①税法-中国-资格考试-习题集
Ⅳ.①D922.22-44

中国版本图书馆CIP数据核字（2020）第029393号

责任编辑：王　丽　　　　责任校对：胡永立

中国财政经济出版社 出版

URL：http://www.cfeac.com

社址：北京市海淀区阜成路甲28号　邮政编码：100142
营销中心电话：010-88191522
天猫网店：中国财政经济出版社旗舰店
https://zgczjjcbs.tmall.com
北京富生印刷厂印刷　各地新华书店经销
787×1092毫米　16开　7.5印张　166 000字
2020年3月第1版　2020年3月北京第1次印刷
定价：28.00元
ISBN 978-7-5095-9613-5
（图书出现印装问题，本社负责调换）
质量投诉电话：010-88190744
打击盗版举报热线：010-88191661、QQ：2242791300

前言 Preface

为帮助广大考生全面理解2020年注册会计师考试大纲和考试教材内容，在有限的复习时间内掌握教材的重、难点知识，顺利通过考试。中国财经出版传媒集团组织常年从事注册会计师考试辅导的名师、专家编写了“中财传媒版2020年注册会计师全国统一考试辅导系列丛书”。该系列丛书包括“应试指导”“要点随身记”“通关题库”和“全真模拟试题”四个系列，涵盖了专业阶段考试的六个科目，即会计、审计、财务成本管理、经济法、税法和公司战略与风险管理。

1.“应试指导”系列：紧扣2020年考试大纲和考试教材内容，考点精炼、结构合理，对考试有极强的指导性，帮助考生全面掌握教材精髓。在编写结构的设计上，根据考生的学习特点和备考要求，分为“命题规律及考试趋势预测”“各章考点精讲精练”“跨章节综合题演练”三个部分。

2.“要点随身记”系列：根据每章重要考点整理而成的备考“红宝书”，涵盖知识点全面，易于携带，旨在帮助考生更便捷地预习、复习和记忆考点内容，合理利用碎片化的时间，积少成多，掌握记忆教材核心知识点。

3.“通关题库”系列：包含大量针对性极强的练习题和对应的答案解析，帮助考生通过习题演练巩固理解知识点，更熟练地应用教材知识点解决实际题目中的问题。

4.“全真模拟试题”系列：在对历年考试试题进行分析归纳和命题趋势总结的基础上，由多名具备注册会计师资格的辅导专家精心设计了八套全真模拟试题，考生可以在充分复习教材内容的基础上，按照模拟考试时间及要求，进行热身训练，积累实战经验。

注册会计师考试辅导书市场品种繁多，但质量良莠不齐。考生在选择教辅时常常陷入盲目。该系列丛书利用作为教材出版单位的独特优势，在第一时间邀请注册会计师考试辅导专家编写，秉承“应试”“精练”的核心思想，力求帮助考生以最少的精力取得最大的效果，实现高效学习、顺利通关，是考生学习备考的第一选择。

最后，衷心祝愿各位考生顺利通过2020年注册会计师考试。

编写组

2020年3月

Contents

目录

2020 年注册会计师全国统一考试《税法》全真模拟试题（一） …………………………（ 1 ）

2020 年注册会计师全国统一考试《税法》全真模拟试题（一）参考答案及解析 ……（ 9 ）

2020 年注册会计师全国统一考试《税法》全真模拟试题（二） …………………………（ 15 ）

2020 年注册会计师全国统一考试《税法》全真模拟试题（二）参考答案及解析 ……（ 23 ）

2020 年注册会计师全国统一考试《税法》全真模拟试题（三） …………………………（ 29 ）

2020 年注册会计师全国统一考试《税法》全真模拟试题（三）参考答案及解析 ……（ 37 ）

2020 年注册会计师全国统一考试《税法》全真模拟试题（四） …………………………（ 44 ）

2020 年注册会计师全国统一考试《税法》全真模拟试题（四）参考答案及解析 ……（ 52 ）

2020 年注册会计师全国统一考试《税法》全真模拟试题（五） …………………………（ 58 ）

2020 年注册会计师全国统一考试《税法》全真模拟试题（五）参考答案及解析 ……（ 65 ）

2020 年注册会计师全国统一考试《税法》全真模拟试题（六） …………………………（ 71 ）

2020 年注册会计师全国统一考试《税法》全真模拟试题（六）参考答案及解析 ……（ 79 ）

2020 年注册会计师全国统一考试《税法》全真模拟试题（七） …………………………（ 85 ）

2020 年注册会计师全国统一考试《税法》全真模拟试题（七）参考答案及解析 ……（ 93 ）

2020 年注册会计师全国统一考试《税法》全真模拟试题（八） …………………………（ 99 ）

2020 年注册会计师全国统一考试《税法》全真模拟试题（八）参考答案及解析 ……（108）

2020 年注册会计师全国统一考试
《税法》全真模拟试题（一）

一、单项选择题（本题型共 24 题，每题 1 分，共 24 分。每题只有一个正确答案，请从每题的备选答案中选出一个你认为正确的答案）

1. 税法体系中各税法按照基本内容和效力的不同，可以分为（　　）。

A. 税收实体法和税收程序法　　B. 国内法和国际法

C. 税收基本法和税收普通法　　D. 所得税法和财产行为税法

2. 2019 年 10 月，一般纳税人甲物业公司向小区居民收取水费共计 200 000 元，同时支付给自来水公司水费 180 000 元并取得增值税专用发票，那么甲物业公司就收取水费这一事项，应缴纳增值税（　　）元。

A. 1 132. 08　　B. 5 825. 24　　C. 582. 52　　D. 11 320. 75

3. 我国某公司 2020 年 3 月从国内甲港口出口一批锌锭到国外，货物成交价格 201. 6 万元（含出口关税），其中包括货物运抵甲港口装载前的运输费 10 万元、单独列明支付给境外的佣金 12 万元。甲港口到国外目的地港口之间的运输保险费 20 万元。锌锭出口关税税率为 20%。该公司出口锌锭应缴纳的出口关税为（　　）万元。

A. 25. 6　　B. 29. 6　　C. 31. 6　　D. 34

4. 2020 年 3 月，一般纳税人乐福超市从洁宝公司购进一批洗发水，支付货款 50 万元，取得增值税专用发票价税合计 56. 5 万元。同时，乐福公司向洁宝公司收取与销量挂钩的返还款，共计 5 万元。假设不考虑其他业务，乐福超市当月可抵扣的进项税额为（　　）万元。

A. 6. 75　　B. 6. 5　　C. 6. 32　　D. 5. 92

5. 家乐外贸公司为一般纳税人，2019 年 10 月从生产企业（一般纳税人）购入一批化妆品，取得增值税专用发票，支付价款 60 万元、增值税 7. 8 万元，当月将该批化妆品全部出口，取得销售收入 90 万元。该外贸公司出口化妆品应退消费税和增值税（　　）万元（增值税出口退税率 11%）。

A. 24. 38　　B. 25. 8　　C. 24. 6　　D. 7. 8

6. 下列各项中，不可以作为城建税计税依据的是（　　）。

A. 受托方代收代缴的消费税

B. 当期免抵的增值税税额

C. 纳税人延期缴纳增值税而加收的滞纳金

D. 纳税人因偷税而被查补的增值税

7. 2019 年 8 月 1 日，甲房地产公司与当地政府签订建筑服务合同，为政府提供礼堂建筑服务，8 月 10 日工程开工，8 月 20 日收到预收款 200 万元，2019 年 12 月 10 日建筑服务完工并将礼堂移交给政府。甲公司增值税纳税义务发生时间为（　　）。

A. 2019 年 8 月 10 日　　B. 2019 年 12 月 20 日

C. 2019 年 8 月 20 日　　D. 2019 年 8 月 1 日

8. 根据《企业所得税法》的规定，符合条件的小微企业减按（　　）的税率征收企业所得税。

A. 25%　　B. 20%　　C. 15%　　D. 10%

9. 下列各项中，按照有关规定，可以免缴城镇土地使用税的是（　　）。

A. 非营利性医疗机构自用的土地　　B. 中国银行自用的土地

C. 房地产开发公司建造商品房用地　　D. 企业厂区内的绿化用地

10. 下列各项中，应征资源税的有（　　）。

A. 用于加热的原油

B. 地热原矿

C. 森林

D. 煤炭开采企业因安全生产需要抽采的煤层气

11. 下列各项中，应当依法征收房产税的是（　　）。

A. 农村的农副业生产用房

B. 国家机关自用的房产

C. 妇幼保健机构自用房产

D. 外商投资企业设在城市的生产用房

12. 甲公司将原值 1 500 万元的房产作为投资与乙公司联合经营娱乐业，双方议定，甲每年可固定得到 100 万元的利润。当地规定在计算房产税时允许减除的比例为 30%，则甲公司每年应该缴纳的房产税为（　　）万元。

A. 8.4　　B. 12　　C. 12.6　　D. 18

13. 下列各项中，按照我国现行税法，免缴城镇土地使用税的土地是（　　）。

A. 城市郊区林场度假村的经营用地

B. 中国银行总行及所属分支机构的自用土地

C. 自 2017 年 1 月 1 日起至 2019 年 12 月 31 日对物流企业自有的大宗商品仓储设施用地

D. 企业的铁路专用线、公路等在厂区外与社会共用地段未加隔离的用地

14. 国家需要重点扶持的高新技术企业减按（　　）的税率征收企业所得税。

A. 15%　　B. 20%　　C. 10%　　D. 25%

15. 下列选项中，可以免征耕地占用税的是（　　）。

A. 政府办公大楼占用耕地　　B. 医院占用耕地

C. 农村居民占用耕地新建住宅　　D. 校办加工厂占用耕地

16. 下列不属于减征耕地占用税的是（　　）。

A. 高校占用耕地
B. 飞机场跑道、停机坪、航道占用耕地
C. 港口占用耕地
D. 农村居民占用耕地新建住宅

17. 根据《车辆购置税暂行条例》的规定，下列人员中不属于车辆购置税纳税义务人的是（　）。

A. 应税车辆的馈赠人
B. 应税车辆的购买者
C. 免税车辆的受赠者
D. 应税车辆的进口使用者

18. 下列各项中，按照有关规定应该计算缴纳印花税的是（　）。

A. 法律咨询合同
B. 外国运输企业承接国内货物运输所持的国际货运运费结算凭证
C. 记载资本金的账簿
D. 银行根据业务需要设置的现金收付登记簿

19. 某制药企业2019年取得销售收入2 000万元，当年的广告费支出为700万元，则按照有关规定，该企业2019年在计算企业所得税时，对广告费支出进行的处理方法是（　）。

A. 只允许抵扣600万元，剩余的可以向以后纳税年度无限期结转
B. 只允许抵扣300万元，剩余的可以向以后纳税年度结转，但最长不得超过5年
C. 只允许抵扣500万元，剩余的可以向以后纳税年度无限期结转
D. 只允许抵扣500万元，剩余的可以向以后纳税年度结转，但最长不得超过5年

20. 下列关于企业所得税所得来源的确定，不正确的是（　）。

A. 销售货物，按照交易活动发生地确定
B. 提供劳务所得，按照劳务发生地确定
C. 股息所得，按照分配股息的企业所在地确定
D. 房屋租金所得，按照房屋所在地确定

21. 2019年1月1日，某甲与事业单位签订承包合同经营招待所，承包期为3年。2019年招待所实现承包经营利润250 000元（未扣除含承包人工资报酬），按合同规定承包人每年应从承包经营利润中上缴承包费30 000元。在不考虑专项扣除、专项附加扣除和税法规定的其他扣除情况下，该承包人2019年应纳个人所得税税额为（　）元。

A. 31 500
B. 21 500
C. 54 500
D. 42 000

22. 按照我国现行企业所得税法，下列各项中，属于免交企业所得税的项目是（　）。

A. 国有企业直接投资于其他企业取得的投资收益
B. 国有企业购买上市公司股票取得的股利收入
C. 国有企业转让上市公司股票取得的转让所得
D. 国有企业取得的税费转让

23. 下列各项中，按照我国现行税法的规定可以免缴契税的是（　）。

A. 承受城市郊区土地使用权，用于农业生产
B. 国有企业出售，被出售企业法人予以注销，且买受人妥善安置了原企业的60%职工
C. 非法定继承人根据遗嘱承受死者生前的土地、房屋权属
D. 经国务院批准实施债权转股权的企业，债权转股权后新设立的公司承受原企业土地、房屋权属

24. 下面对纳税人和扣缴义务人应承担的法律表述，不正确的是（　）。

A. 纳税人抗税，除由税务机关追缴其拒缴的税款、滞纳金外，还应依法追究刑事责任。情节轻微，未构成犯罪的，由税务机关追缴其拒缴的税款、滞纳金，并处拒缴税款1倍以上5倍以下的罚款

B. 纳税人抗税构成犯罪的，处3年以下有期徒刑或者拘役，并处拒缴税款1倍以上5倍以下罚金；情节严重的，处3年以上7年以下有期徒刑并处拒缴税款1倍以上5倍以下罚金

C. 纳税人、扣缴义务人在规定期限内不缴或者少缴应纳或者应解缴的税款，经税务机关责令限期缴纳，逾期仍未缴纳的，税务机关除依法采取强制执行措施追缴其不缴或者少缴的税款外，可以处不缴或者少缴税款3倍以下的罚款

D. 纳税人、扣缴义务人在规定期限内不缴或者少缴应纳或者应解缴的税款，经税务机关责令限期缴纳，逾期仍未缴纳的，税务机关除依照税法规定采取强制执行措施追缴其不缴或者少缴的税款外，可以处不缴或者少缴税款50%以上5倍以下的罚款

二、多项选择题（本题型共14题，每题1.5分，共21分。每题均有多个正确答案，请从每题的备选答案中选出你认为正确的答案，所有答案选择正确的得分；不答、错答、漏答均不得分）

1. 税法的适用原则包含（　　）。

A. 法律优位原则　　B. 法律不溯及过往原则

C. 新法优于旧法原则　　D. 实体从新、程序从旧原则

2. 确定一项经济行为是否需要缴纳增值税，根据《营业税改征增值税试点办法》（财税〔2016〕36号文），除另有规定外，一般应同时具备以下条件（　　）。

A. 应税行为是发生在中华人民共和国境内

B. 应税行为是属于《销售服务、无形资产、不动产注释》范围内的业务活动

C. 应税服务是为他人提供的

D. 应税行为是有偿的

3. 下列关于一般纳税人转让不动产增值税征收管理的做法，正确的有（　　）。

A. 转让2016年4月30日前购买的不动产，可以选择适用简易计税方法计税，以全部取得的价款和价外费用，按照5%的征收率计算应纳税额

B. 转让2016年4月30日前自建的不动产，可以选择适用简易计税方法计税，以全部取得的价款和价外费用，按照5%的征收率计算应纳税额。

C. 转让2016年5月1日后自建的不动产，适用一般计税方法，以取得的全部价款和价外费用为销售额，按照5%的预征率向不动产所在地主管地税机关预缴税款

D. 转让2016年5月1日后自建的不动产，适用一般计税方法，以取得的全部价款和价外费用为销售额，按照9%的预征率向不动产所在地主管地税机关预缴税款

4. 下列各项行为中，按照有关规定，属于视同销售行为，应该按规定计算增值税销项税额的有（　　）。

A. 将自产的货物用于对外投资　　B. 将自产的货物分配给股东

C. 将购买的货物无偿赠送他人　　D. 将购买的货物用于非应税项目

5. 依据消费税的规定，下列应税消费品中，准予扣除外购已纳消费税的有（　　）。

A. 以已税烟丝为原料生产的卷烟
B. 以已税珠宝玉石为原料生产的钻石首饰
C. 以已税化妆品连续生产化妆品
D. 以已税润滑油为原料生产的润滑油
6. 下列各项中，可以免征房产税的有（　　）。
A. 企业向职工出租的单位自有住房
B. 个人出租的居民住房
C. 向居民供热并向居民收取采暖费的供热企业
D. 施工期间施工企业在基建工地搭建的临时办公用房
7. 下列企业中，可以享受15%的企业所得税税收优惠待遇的有（　　）。
A. 西部地区新办的交通企业（内资），交通业务收入占企业总收入70%以上
B. 国家需要重点扶持的高新技术企业
C. 从事环境保护、节能节水项目的企业
D. 2001～2010年期间，西部地区从事国家鼓励类产业的内资企业
8. 耕地占用税征税范围中，所称占用耕地包括下述（　　）情况。
A. 占用菜地　　B. 占用茶园　　C. 占用鱼塘　　D. 占用经济林地
9. 下列各项中，由房产代管人或者使用人缴纳房产税的有（　　）。
A. 产权出典的，承典人不在房屋所在地的
B. 产权所有人不在房屋所在地的
C. 产权未确定的
D. 租典纠纷未解决的
10. 下列有关进口货物完税价格的估定方法，正确的有（　　）。
A. 内销的进料加工制成品，以料件申报内销时的价格估定
B. 内销的来料加工制成品，以料件原进口时的价格估定
C. 出口加工区内的加工企业内销的制成品，以制成品申报内销时的价格估定
D. 保税区内的加工企业内销的进口料件，以料件申报内销时的价格估定
11. 按照我国现行税法，一般纳税人在转让房地产时应该缴纳的税种有（　　）。
A. 土地增值税　　B. 印花税　　C. 契税　　D. 增值税
12. 下列各项费用中，允许在计算企业所得税时据实全额扣除的有（　　）。
A. 企业按国家有关规定为职工缴纳的基本社会保险费
B. 企业为投资者支付的在国家有关规定范围内的补充养老保险费
C. 企业参加财产保险按规定缴纳的保险费
D. 企业按国家有关规定为特殊工种职工支付的人身安全保险费
13. 借款合同所涉及的当事人各方中，无须缴纳印花税的有（　　）。
A. 借款人　　B. 贷款人　　C. 担保人　　D. 证人
14. 根据《税收征收管理法》规定，纳税人有下列（　　）行为之一的，由税务机关责令改正，可以处2 000元以下的罚款；情节严重的，处2 000元以上1万元以下的罚款。
A. 纳税人不办理税务登记，逾期不改正
B. 未按照规定设置、保管账簿或者保管记账凭证和有关资料的

C. 未按照规定的期限申报办理税务登记、变更或者注销登记的

D. 扣缴义务人未按照规定办理扣缴税款登记

三、计算问答题（本题型共4小题，每小题6分，共24分。要求列出计算步骤，每步骤运算得数精确到小数点后两位）

1. 某食品加工厂是增值税一般纳税义务人，适用税率13%。2020年2月发生如下经济业务：

（1）从农民手中收购小麦20万公斤，开具的经税务机关批准使用的收购凭证上注明买价为100万元，另支付运费2万元，取得运输部门开出的增值税发票。

（2）从小规模纳税人购进其他材料一批，取得税务机关代开的增值税专用发票，发票中注明的销售额为40万元。货款已付，有关单据已经经过验证。

（3）销售自制面包一批，开具增值税专用发票，发票中注明的销售额为100万元，货已发出并办妥银行托收手续。

（4）销售给小规模纳税人方便面一批，开出的普通发票中注明的销售额为50万元，该企业另外支付运输费用1万元，该厂取得运输部门开出的增值税发票。

（5）该公司期初留抵的进项税额为1万元。

已知：购进农产品均在本期领用，取得的合规发票均可以在当期抵扣。

要求：

（1）计算该企业本期应该缴纳的增值税销项税额。

（2）计算该企业本期应该缴纳的增值税进项税额。

（3）计算该企业本期应该缴纳的增值税。

2. 露丝是美国公民，在美国的ABC公司工作。2019年，ABC公司将露丝调派到其在北京的合资企业甲公司担任技术总监，负责某项目的实施。露丝6月5日抵达北京，6月8日正式上任。露丝将在北京持续工作3年，期间，可以回国探亲一次，时间不超过10天。露丝调到北京以后，美国公司将负担其每月的工资4 000美元，北京的合资公司额外负担其在北京的生活补助每月30 000元人民币。2019年12月，露丝在北京工作22天，圣诞期间回国探亲9天。

要求：计算露丝2019年12月应该在中国缴纳的个人所得税。

（注：假设美元兑人民币的汇率均为1美元=7元人民币）

3. 2018年，张老师与他人合资成立一家会计师事务所。2019年发生以下业务：①事务所委托某外贸公司进口九成新凌志小轿车一辆，海关核定关税完税价格为20万元人民币，该车已交付事务所使用。②张老师将原值20万元的一套自有旧居自年初起提供给事务所使用。

其他相关资料：轿车进口关税适用税率为25%、消费税适用税率为5%；计算房屋余值的扣除比例为30%。

要求：根据上述资料，按序号回答下列问题，如有计算，每问需计算出合计数。

（1）计算进口小轿车应缴纳的增值税。

（2）计算进口小轿车使用环节应缴纳的车辆购置税。

（3）假设张老师无偿提供旧居，计算事务所本年应缴纳的房产税。

（4）假设张老师出租旧居供事务所职员居住，年租金 5 万元，计算其本年应缴纳的房产税。

（5）假设张老师利用旧居为事务所提供仓储保管服务，年保管费 5 万元，计算其本年应缴纳的房产税。

4. 某公司 201×年拥有机动船 15 艘（其中 10 艘净吨位为 600 吨，5 艘净吨位为 3 000 吨），拥有非机动船 10 艘（载重吨位均为 10 吨，其中非机动驳船 4 艘）。拥有载货汽车 5 辆，其中 2 辆自重 5.2 吨，3 辆自重 2.8 吨。拥有载货汽车挂车 5 辆，每辆自重均为 3 吨。机动船的适用税额为净吨位小于等于 200 吨的，每吨 3 元；净吨位为 600 吨的，每吨 4 元；净吨位为 3 000 吨的，每吨 5 元；载货汽车适用税额按自重每吨 80 元计算。201×年 3 月因业务发展需要，从国外进口 3 辆小汽车，关税完税价格为每辆 185 000 元人民币，小汽车的关税税率为 110%，消费税税率为 3%，每辆车车船税年税额为 240 元。

要求：计算该公司 201×年应该缴纳的车辆购置税和车船税。

四、综合题（本题型共 2 小题，共 31 分。要求列出计算步骤，每步骤运算得数精确到小数点后两位）

1. 李某投资成立一家超市，为个人独资企业，2019 年发生以下业务：

全年超市收入总额 400 万元，营业成本 260 万元，营业税金及附加 10 万元，期间费用 133 万元（其中包括 5 名员工的工资 30 万元以及李某的工资 6 万元），亏损 3 万元。

当年税务局对该 A 独资企业进行税收检查，发现以下事项：

（1）将李某家庭生活费 4 万元记入企业的期间费用。

（2）该企业和李某家庭共用价值 15 万元的轿车一辆，无法划分清楚使用范围，该车已经使用 2 年，该企业会计账簿未计提该轿车的折旧，税务机关根据当地情况核定准予在税前扣除折旧数，每年为 2 万元。

（3）给超市所在地居委会赞助物品价值 10 万元。

（4）计提存货跌价准备 3 万元在申报时已经税前扣除。

（5）实际发生招待费 3 万元在申报时已经税前扣除。

（6）向非金融机构借款的利息支出 8 万元全部计入了费用，在申报时已经税前扣除（金融机构同类、同期贷款利息应为 6 万元）。

（7）李某个人取得存款利息收入 1 万元，国债利息收入 1 万元。

（8）李某在 12 月将个人一间住房用于出租，收取租金 3 000 元，修理房屋支出 1 000 元。

（假设：该纳税人不享受其余专项附加扣除和税法规定的其他扣除）

要求：（请写明每笔的调整过程）

（1）计算李某投资的个人独资企业应纳税所得额。

（2）计算李某投资的个人独资企业应纳个人所得税。

（3）计算李某其他项目应纳个人所得税。

2. 某家电生产厂商甲公司为增值税一般纳税人。2018 年 10 月共发生下列经济业务：

（1）在本市各家电商场销售 600 台彩电，每台不含税销售价 5 000 元。由于市场价格下降，公司在销售货物开具专用发票以后，另外给予家电商场 2% 的销售折扣，并另开了红字发票入账。

（2）销售给外地其他商场200台彩电，每台不含税销售价格为5 000元，并另外收取了运杂费5万元。支付给运输单位运费合计4万元，并取得增值税专用发票。

（3）为扩大销售，甲公司决定，消费者可以以任何品牌的洗衣机来以旧换新。旧洗衣机的收购价为150元/台，新彩电的销售价为2 000元/台（消费者只需要支付1 850元即可）。本月共销售100台。

（4）为奖励中国女足为国争光，该厂商决定给每位队员赠送一台彩电，共赠30台（每台售价5 000元）。

（5）本月购进生产用原材料一批，专用发票上注明的货款金额为300万元，有关单据已经经过认证。本月公司因管理不善，仓库进水损失原材料价值20万元，公司取得保险赔款。

（6）从国外进口一台彩电检测设备，完税凭证已注明的增值税计税价值为20万元。

（7）本月举行联欢会，奖励给本公司职工10台冰箱（每台售价3 000元）。

（8）将企业6年前购置的一栋厂房以评估价格1 000万元抵偿银行欠款。该厂房原购入价为450万元。

根据以上资料，计算甲公司当月应缴纳的税金。

2020年注册会计师全国统一考试《税法》全真模拟试题（一）参考答案及解析

一、单项选择题

1. 答案：C

解析：税法体系中各税法按照基本内容和效力的不同，可以分为税收基本法和税收普通法。

2. 答案：C

解析：提供物业管理服务的纳税人，向服务接受方收取的自来水水费，以扣除其对外支付的自来水水费后的余额为销售额，按照简易计税方法依3%的征收率计算缴纳增值税。甲公司应缴纳的增值税＝(200 000－180 000)÷(1＋3%)×3%＝582.52（元）。

3. 答案：C

解析：出口货物的完税价格，由海关以该货物向境外销售的成交价格为基础审查确定，并应包括货物运至我国境内输出地点装载前的运费及其相关费用、保险费。但其中包含的出口关税税额，应当扣除。出口货物的成交价格中含有支付给境外的佣金的，如果单独列明，应当扣除。出口货物完税价格＝(201.6－12)÷(1＋20%)＝158（万元），应纳出口关税＝158×20%＝31.6（万元）。

4. 答案：D

解析：乐福公司取得的返还款应按照平销返利行为的有关规定冲减当期进项税金。当月可抵扣进项税额＝56.5－50－5÷(1＋13%)×13%＝5.92（万元）。

5. 答案：C

解析：外贸公司出口货物，增值税先征后退，按专用发票价款依据法定退税率计算应退增值税，按原生产企业缴纳的消费税退还消费税。该外贸公司出口化妆品应退流转税＝60×11%＋60×30%＝24.6（万元）。

6. 答案：C

解析：现行税法规定，纳税人违反“三税”有关税法而加收的滞纳金和罚款，是税务机关对纳税人违法行为的经济制裁，不作为城建税的计税依据。

7. 答案：C

解析：纳税人提供建筑服务，采用预收款方式的，其纳税义务发生时间为收到预收款的当天。

8. 答案：B

解析：现行税法规定，小微企业减按20%征收企业所得税。

9. 答案：A

解析：中国人民银行总行及所属分支机构的自用土地免税，而不是中国银行；企业的铁路专用线、公路等在厂区外与社会共用地段未加隔离的用地。

10. 答案：B

解析：现行资源税法规定，用于加热的原油和煤炭开采企业因安全生产需要抽采的煤层气免税；森林资源不属于征税范围。

11. 答案：D

解析：现行税法规定，房产税的征税范围为城市、县城、建制镇和工矿区，不包括农村房屋；从2009年1月1日起外商投资企业和外国企业缴纳房产税；国家机关自用的房产免征房产税。对非营利性医疗机构、疾病控制机构和妇幼保健机构等卫生机构自用的房产，免征房产税。

12. 答案：B

解析：甲公司每年取得固定的利润，属于房产的出租行为，应当按照从租计征的方法计算缴纳房产税。房产税 $=100\times12\%=12$（万元）。

13. 答案：D

解析：选项A应该缴纳城镇土地使用税。对行使国家行政管理职能的中国人民银行总行（含国家外汇管理局）所属分支机构自用的土地，免征城镇土地使用税；自2017年1月1日起至2019年12月31日止，对物流企业自有的（包括自用和出租）大宗商品仓储设施用地，减按所属土地等级适用税额标准的50%计征城镇土地使用税。

14. 答案：A

解析：国家需要重点扶持的高新技术企业减按15%的税率征收企业所得税。

15. 答案：B

解析：政府办公大楼占用耕地不免税；农村居民占用耕地新建住宅，按照当地适用税额减半征收耕地占用税；校办加工厂属于企业，占用耕地不属于免税范围。

16. 答案：A

解析：学校免征耕地占用税。

17. 答案：A

解析：车辆购置税的纳税义务人是指在中华人民共和国境内购置应税车辆的单位和个人，其中购置是指购买使用行为、进口使用行为、受赠使用行为，强调“使用行为”，不包括馈赠人。

18. 答案：C

解析：选项C，按照实收资本和资本公积合计金额的0.5‰贴花；现行税法规定，会计、法律、审计等方面的咨询不属于技术咨询，其所立合同不贴印花；外国运输企业所持的运费结算凭证免纳印花税；银行根据业务管理需要设置的各种登记簿，其记载的内容与资金活动无关，属于非营业账簿，不征收印花税。

19. 答案：A

解析：对化妆品制造或销售、医药制造和饮料制造（不含酒类制造）企业发生的广告费和业务宣传费支出，不超过当年销售（营业）收入 30% 的部分，准予扣除；超过部分，准予在以后纳税年度结转扣除。

20. 答案：D

解析：租金所得，按照负担、支付所得的企业或者机构所在地确定。

21. 答案：B

解析：（1）2019 年应纳税所得额 = 承包经营利润 - 上缴费用 - 每年必要费用扣减合计 = 250 000 - 30 000 - 60 000 = 160 000（元）；（2）该承包人 2019 年应缴纳个人所得税 = 160 000 × 20% - 10 500 = 21 500（元）。

22. 答案：A

解析：现行税法规定，符合条件的居民企业之间的股息、红利等权益性收益，免征企业所得税。

23. 答案：D

解析：国有企业出售，被出售企业法人予以注销，与原企业全部职工签订服务年限不少于 3 年的劳动用工合同的，对其承受所购企业土地、房屋权属，免征契税；与原企业超过 30% 的职工签订服务年限不少于 3 年的劳动用工合同的，减半征收契税。我国现行税法规定，非法定继承人根据遗嘱承受死者生前的土地、房屋权属，属于赠与行为，应征收契税。

24. 答案：C

二、多项选择题

1. 答案：ABC

解析：税法应遵循实体从旧、程序从新原则，所以选项 D 不正确。选项 ABC 均正确。

2. 答案：ABCD

3. 答案：BC

解析：选项 A 中，以取得的全部价款和价外费用扣除不动产购置原价为销售额。选项 D 中，应以 5% 的预征率在不动产所在地主管税务机关预缴税款。

4. 答案：ABC

解析：将购买的货物用于非应税项目，在计算缴纳增值税时，其进项税额不允许抵扣，但是不属于增值税视同销售的行为。

5. 答案：ACD

解析：以已税珠宝玉石为原料生产的金银首饰和钻石首饰，不得扣除已纳消费税。

6. 答案：ACD

解析：现行税法规定，个人出租居民用房应按有关规定缴纳房产税。

7. 答案：BD

解析：西部地区新办交通企业，交通业务收入占企业总收入 70% 以上，自开始生产经营之日起，第一年至第二年免征企业所得税，第三年至第五年减半征收企业所得税；从事环境保护、节能节水项目的企业，自取得第一笔生产经营收入所属纳税年度起，第一年至第三年免征企业所得税，第四年至第六年减半征收企业所得税。

8. 答案：ABCD

解析：注意耕地的范围。

9. 答案：ABCD

解析：产权所有人、承典人不在房屋所在地的，或者产权未确定及租典纠纷未解决的，由房产代管人或者使用人纳税。

10. 答案：CD

解析：内销的进料加工制成品，以料件原进口时的价格估定；内销的来料加工制成品，以料件申报内销时的价格估定。

11. 答案：ABD

解析：现行税法规定，契税的纳税义务人是境内转移土地、房屋权属，承受的单位和个人。

12. 答案：ABCD

解析：现行税法规定，企业按国家有关规定为职工缴纳的基本社会保险费和住房公积金，为投资者和职工支付的补充养老保险和补充医疗保险，在国务院财政、税务主管部门规定的范围和标准内，准予扣除。按有关规定为特殊工种职工支付的人身安全保险费，也可扣除。

13. 答案：CD

解析：印花税的纳税人为书立、使用、领受应税凭证的人。借款合同中，担保人与证人未发生上述行为。

14. 答案：BC

解析：选项 BC 说法正确。选项 A，纳税人不办理税务登记，逾期不改正，由工商行政机关吊销其营业执照。选项 D，扣缴义务人未按照规定办理扣缴税款登记，税务机关应当自发现之日起 3 日内责令其限期改正，并可处以 1 000 元以下的罚款。

三、计算问答题

1. 答案：

（1）当期销项税额 = 100 × 13% + 50 ÷ (1 + 13%) × 13% = 18.75（万元）。

（2）进项税额 = 100 × 10% + 40 × 3% + (2 + 1) ÷ (1 + 9%) × 9% = 11.45（万元）。

（3）当期应纳税额 = 18.75 − 11.45 − 1 = 6.3（万元）。

2. 答案：

2019 年 12 月境内外工资收入合计 = 4 000 × 7 + 30 000 = 58 000（元）。

工资收入应纳税 =（当月境内外工资、薪金应纳税所得额 × 适用税率 − 速算扣除数）×（1 − 当月境外支付工资 ÷ 当月境内外支付工资总额 × 当月境外工作天数 ÷ 当月天数）= [(58 000 − 5 000) × 30% − 4 410] × (1 − 28 000 ÷ 58 000 × 9 ÷ 31) = 9 881.4（元）。

3. 答案：

（1）进口应纳增值税 = 20 × (1 + 25%) ÷ (1 − 5%) × 13% = 3.42（万元）。

（2）进口应纳车购税 = 20 × (1 + 25%) ÷ (1 − 5%) × 10% = 2.63（万元）。

（3）无偿使用应纳房产税 = 20 × (1 − 30%) × 1.2% = 0.17（万元）。

（4）出租应纳房产税 = 5 × 4% = 0.2（万元）。

（5）提供仓储保管服务应纳的房产税 = 5 × 4% = 0.2（万元）。

解析：财税〔2008〕24 号规定：①对个人出租住房取得的所得减按 10% 的税率征收个人所得税；②对个人出租住房，不区分用途，按 4% 的税率征收房产税，免征城镇土地使用税。

4. 答案：

进口小汽车应纳车辆购置税：

（1）计税依据 =（185 000 + 185 000 × 110%）÷（1 − 3%）× 3 = 1 201 546. 39（元）。

（2）应纳税额 = 1 201 546. 39 × 10% = 120 154. 64（元）。

机动船：10 × 600 × 4 + 5 × 3 000 × 5 = 99 000（元）。

非机动驳船：4 × 10 × 3 × 0. 5 = 60（元）。

载货汽车：2 × 5. 2 × 80 + 3 × 2. 8 × 80 = 1 504（元）。

载货汽车挂车：5 × 3 × 80 = 1 200（元）。

进口小汽车：240 × 3 × 10 ÷ 12 = 600（元）。

共需缴纳车船税 = 99 000 + 60 + 1 504 + 1 200 + 600 = 102 364（元）。

解析：拖船、非机动驳船分别按照机动船舶税额的 50% 计算。

四、综合题

1. 答案：

（1）李某投资的个人独资企业，在计算应纳税所得税时，纳税调整事项有：

李某的工资调整额 = 6 − 6 = 0（万元）；

家庭生活费纳税调整额 = 4（万元）；

轿车的纳税调整额 = −2（万元）；

赞助物品的纳税调整额 = 10（万元）

存货跌价准备调整额 = 3（万元）；

招待费扣除限额：400 × 5‰ = 2（万元），3 × 60% = 1. 8（万元），限额为 1. 8 万元；招待费的纳税调整 = 3 − 1. 8 = 1. 2（万元）；

利息支出的纳税调整 = 8 − 6 = 2（万元）；

独资企业应纳税所得额 = −3 + 0 + 4 − 2 + 10 + 3 + 1. 2 + 2 = 15. 2（万元）。

（2）李某投资的个人独资企业应纳个人所得税 = 152 000 × 20% − 10 500 = 19 900（元）。

（3）存款利息和国债利息免税；2019 年“营改增”之后，个人出租住房应缴增值税 = 3 000 ÷（1 + 5%）× 1. 5% = 42. 86（元）；个人出租房屋应缴纳房产税 = 3 000 × 4% = 120（元）；修缮费用扣除标准为 800 元，缴纳个人所得税 =（3 000 − 42. 86 − 120 − 800 − 800）× 10% = 123. 71（元）。

解析：个人出租住房按照 5% 的征收率减按 1. 5% 计算应纳税额。从 2001 年 1 月 1 日起，对个人按市场价格出租的居民住房，用于居住的，可暂减按 4% 的税率征收房产税。

2. 答案：

事项 1，应缴纳增值税 = 5 000 × 600 ÷ 10 000 ×（1 − 2%）× 13% = 38. 22（万元）。

事项 2，应缴纳的增值税 = 5 000 × 200 ÷ 10 000 × 13% + 5 ÷（1 + 13%）× 13% − 4 ÷（1 + 9%）× 9% = 13. 25（万元）。

事项 3，应缴纳增值税 = 2 000 × 100 ÷ 10 000 × 13% = 2. 6（万元）。

事项4，应缴纳增值税 =5 000×30÷10 000×13% =1.95（万元）。

事项5，管理不善导致原材料损失的部分应作进项税额转出，转出金额 =20×13% =2.6（万元）。

事项6，进项税额 =20×13% =2.6（万元）。

事项7，奖励职工产品应视同销售，缴纳增值税 =3 000×10÷10 000×13% =0.39（万元）。

事项8，应缴纳的增值税 =（1 000 -450）÷（1 +5%）×5% =26.19（万元）；应缴纳城建税和教育费附加、地方教育附加 =26.19×（7% +3% +2%）=3.14（万元）。土地增值额 =1 000 -450 -26.19 -3.14 =520.67（万元），增值率 =520.67÷（1 000 -520.67）=108.62%，应缴土地增值税 =520.67×50% -479.33×15% =260.34 -71.9 =188.44（万元）。

甲公司当月应缴纳增值税 =38.22 +13.25 +2.6 +1.95 +2.6 -2.6 +0.39 +26.19 =82.6（万元）；应缴纳城建税 =82.6×7% =5.78（万元）；应缴纳教育费附加 =82.6×3% =2.48（万元）；应缴纳地方教育附加 =82.6×2% =1.65（万元）；应缴纳土地增值税 188.44 万元。

2020年注册会计师全国统一考试
《税法》全真模拟试题（二）

一、单项选择题（本题型共24题，每题1分，共24分。每题只有一个正确答案，请从每题的备选答案中选出一个你认为正确的答案）

1. 税收管理体制是各级国家机构之间划分（　　）的制度。

A. 财权　　B. 税权　　C. 收入　　D. 事权

2. 出租车公司向使用本公司自有出租车的出租车司机收取的管理费用，按照（　　）缴纳增值税。

A. 陆路运输服务　　B. 水路运输服务

C. 租赁动产服务　　D. 航空运输服务

3. 一般纳税人注销或取消辅导期一般纳税人资格，转为小规模纳税人时，其存货的处理，正确的是（　　）。

A. 存货不作进项税额转出处理，留抵税额也不予退税

B. 存货作进项税额转出处理，留抵税额给予退税

C. 存货不作进项税额转出处理，留抵税额给予退税

D. 存货作进项税额转出处理，留抵税额也不予退税

4. 我国现行税法规定，纳税人应当进行土地增值税清算的情形是（　　）。

A. 房地产开发项目全部验收竣工完毕

B. 整体转让未竣工决算房地产开发项目

C. 取得销售许可证满三年仍未销售完毕

D. 房地产开发企业将开发的房地产项目出租

5. 某城市一卷烟厂201×年1月委托某县城卷烟厂加工一批雪茄烟，委托方提供原材料成本80 000元，支付加工费10 000元（不含增值税），雪茄烟消费税税率为36%，雪茄烟无同类产品市场价格。受托方应代收代缴的消费税为（　　）元。

A. 32 400　　B. 45 600　　C. 32 750　　D. 50 625

6. 下列关于放弃免税权的陈述，不正确的是（　　）。

A. 生产和销售免征增值税货物或劳务的纳税要求放弃免税权，应当以书面形式提交放弃免税权声明，报主管税务机关备案

B. 放弃免税权的纳税人一般纳税人符合认定条件尚未认定为增值税一般纳税人的，应当按现行规定认定为增值税一般纳税人，其销售的货物或劳务可开具增值税专用发票

C. 纳税人申请放弃免税权，可以根据不同的销售对象选择部分货物或劳务放弃免税权

D. 放弃免税后，36 个月内不得再申请免税

7. 配琦烟花公司 2019 年 5 月受托加工一批鞭炮，委托单位提供原材料的金额为 80 万元，配琦公司收取委托单位不含增值税的加工费为 10 万元，鞭炮类企业无同类产品市场价格。假设鞭炮的适用税率为 15%，配琦公司应代收代缴的消费税为（　　）万元。

A. 13.5　　B. 13.83　　C. 11.74　　D. 15.89

8. 纳税人应纳的资源税属于跨省开采，其下属生产单位与核算单位不在同一省、自治区、直辖市的，其开采的矿产品的纳税地点是（　　）。

A. 开采地　　B. 核算单位所在地

C. 由核算地国家税务机关决定　　D. 由纳税人自己选择

9. 下列各项行为中，需要按照有关规定缴纳城市维护建设税的是（　　）。

A. 国有企业购置房地产　　B. 个体工商户转让经营用房

C. 上市公司股权转让　　D. 进口小汽车

10. 某油田本月生产原油 15 万吨（原油税率为 6%），其中销售 10 万吨，不含税售价为 100 万元，用于自办油厂加工 2 吨，则该油田本月应该缴纳的资源税为（　　）万元。

A. 6　　B. 5　　C. 7.2　　D. 4

11. 企业的应纳税额以人民币为计算单位，如果纳税人以外汇结算营业额，须按外汇市场价格折合成人民币计算。下列有关不同企业可以选择的折合率的说法，正确的是（　　）。

A. 工业企业可以选择当月月末的国家外汇牌价

B. 商业企业可以选择当月平均的国家外汇牌价

C. 金融业可以选择当月月末人民银行公布的基准汇价

D. 保险业可以选择当月月末人民银行公布的基准汇价

12. 可以开具增值税专用发票的应税项目是（　　）。

A. 餐费　　B. 零售服装

C. 机票　　D. 企业购买商品房

13. 张某 2019 年购买一辆排气量为 1.6 升的乘用车自用，支付含增值税的价款 169 500 元，另支付购置工具和配件价款 2 260 元，车辆改装费 4 000 元，支付销售公司代收的保险费 5 000 元，支付的各项价款均由销售公司开具统一发票，张某应缴纳车辆购置税（　　）元。

A. 15 000　　B. 15 996.46　　C. 7 984.62　　D. 11 976.92

14. 根据印花税法律制度的有关规定，下列各项中，属于印花税征税范围的是（　　）。

A. 电网与用户之间签订的供用电合同　　B. 融资租赁合同

C. 银行同业拆借合同　　D. 卫生许可证

15. 下列关于资产损失扣除政策的陈述，不正确的是（　　）。

A. 企业清查现金短缺减除责任人赔偿后的余额，作为现金损失在税前扣除

B. 因自然灾害、战争等不可抗力导致无法收回的应收账款，作为坏账损失可以税前扣除

C. 债务人逾期 3 年以上未清偿，且有确凿证据证明无力清偿的应收账款，作为坏账损

失可以税前扣除

D. 对企业被盗的固定资产或存货，以该固定资产的账面净值或存货的成本，作为固定资产或存货被盗损失在税前扣除

16. 某市属农业企业占用城市土地面积 8 000 平方米，其中，种植用地 4 000 平方米，饲养用地 2 000 平方米，加工用地 1 500 平方米，职工生活用地 500 平方米，当地政府确定的该片土地的适用税额为每平方米 2 元，则该企业每年应该缴纳的城镇土地使用税税额是（　　）元。

A. 8 000　　B. 1 000　　C. 4 000　　D. 3 000

17. 某企业有原值为 5 000 万元的房产，201×年 1 月 1 日将其中的 40% 用于对外投资联营，投资期限 10 年，每年固定利润分红 200 万元，不承担投资风险。已知当地政府规定的扣除比例为 20%，该企业当年应纳房产税（　　）万元。

A. 24　　B. 3.8　　C. 4.25　　D. 52.8

18. 我国现行税法规定，跨省、自治区、直辖市使用的车船，车船税的纳税地点为（　　）。

A. 车船购买地　　B. 车船使用地

C. 车船登记地　　D. 纳税人所在地

19. 税务机关对当事人做出罚款处罚决定的，当事人应当在收到行政处罚决定书之日起（　　）内缴纳罚款，到期不缴纳的，税务机关可以对当事人每日按罚款数额的（　　）加处罚款。

A. 15 日，5%　　B. 60 日，0.05%　　C. 15 日，3%　　D. 30 日，0.03%

20. 企业发生的公益性捐赠支出，不超过（　　）的部分，准予扣除。

A. 收入总额的 8%　　B. 收入总额的 12%

C. 利润总额的 12%　　D. 利润总额的 8%

21. 下列个人所得项目中，不属于劳务报酬所得的是（　　）。

A. 会计　　B. 稿酬　　C. 翻译　　D. 经纪服务

22. 个体工商户计算经营所得时下列支出可以扣除的是（　　）。

A. 个人所得税税款　　B. 赞助支出

C. 税收滞纳金　　D. 存货盘亏

23. 纳税人所属跨地区的非独立核算的分支机构，除由其总机构申报办理税务登记外，也应自（　　），向所在地税务机关申请办理注册税务登记。

A. 设立之日起 30 日内　　B. 纳税义务发生之日起 30 日内

C. 营业之日起 15 日内　　D. 营业之日起 30 日内

24. 世界上第一个国际税收协定是由（　　）两个国家在 1843 年签订的。

A. 比利时和法国　　B. 法国和德国

C. 德国和奥地利　　D. 英国和法国

二、多项选择题（本题型共 14 题，每题 1.5 分，共 21 分。每题均有多个正确答案，请从每题的备选答案中选出你认为正确的答案，所有答案选择正确的得分；不答、错答、漏答均不得分）

1. 中央税是指维护国家权益，实施宏观调控所必需的税种，具体包括（　　）。

A. 消费税　　B. 增值税　　C. 关税　　D. 车辆购置税

2. 下列行为中，属于增值税的征收范围有（　　）。

A. 甲公司将房屋与乙公司土地交换

B. 丙银行将房屋出租给丁饭店，而丁饭店长期不付租金，后经双方协商，由银行在饭店就餐抵账

C. 戊房地产开发企业委托己建筑工程公司建造房屋，双方在结算价款时，房地产企业将若干套房屋给建筑公司冲抵工程款

D. 庚运输公司与辛汽车修理公司商定，庚运输公司为辛汽车修理公司免费提供运输服务，辛汽车修理公司为其免费提供汽车维修作为回报

3. 甲公司为一般纳税人，购进的下列货物和服务，不得从销项税额中抵扣的进项税额有（　　）。

A. 甲公司从乙公司购买一批清洁设备，由于乙公司当月税控器发生故障，乙公司从法人代表名下的另一家公司丙公司处代开增值税专用发票

B. 甲公司购买一批存货并取得增值税专用发票，该批存货由于管理不善被盗

C. 甲公司取得的出差住宿费增值税专用发票

D. 甲公司接受贷款向会计师事务所支付的咨询费

4. 下列各项中，应该并入增值税一般纳税人的销售额计算征收增值税的有（　　）。

A. 纳税人为销售白酒而收取的将在1个月内返还的包装物押金（该包装物是单独核算的）

B. 由于购货方购货数量较大而给予购货方的销售折扣（折扣额另开发票）

C. 由于购货方提前付款而给予购货方的折扣优待

D. 受托加工应征消费税的消费品所代收代缴的消费税

5. 下列各项中，应该征收土地增值税的有（　　）。

A. 国家征用房地产　　B. 国有土地使用权出让

C. 企业间的房地产互换　　D. 国有土地使用权转让

6. 下列关于劳务满足确认条件的说法，正确的有（　　）。

A. 包含在商品售价内可区分的服务费，在提供服务的期间分期确认收入

B. 申请加入会员，只允许取得会籍，所有其他服务或商品都要另行收费的，在取得该会员费时确认收入

C. 属于提供设备和其他有形资产的特许权费，在交付资产或转移资产所有权时确认收入

D. 长期为客户提供重复的劳务收取的劳务费，在首次劳务发生时确认收入

7. 下列各项中，按照我国现行税法，应征消费税的有（　　）。

A. 纳税人进口应税消费品

B. 纳税人将生产的应税消费品投资入股

C. 纳税人将生产的应税消费品用于继续生产应税消费品

D. 纳税人将生产的应税消费品出口

8. 依据出口退（免）税政策，一般情况下，应按“免、抵、退”方法计算退税的有（　　）。

A. 生产企业自营出口货物

B. 生产企业委托出口货物

C. 生产性外商投资企业自营出口货物

D. 外贸企业出口收购货物

9. 在计算增值税时，销售额及价外费用不包括以下内容中的（　　）。

A. 销售白酒取得的包装物押金

B. 受托加工应征消费税的消费品所代收代缴的消费税

C. 以委托方名义开具发票代委托方收取的款项

D. 驾校向学员收取的场地使用费并开具发票，该费用驾校要交给场地所有方

10. 下列关于无形资产企业所得税计税基础说法正确的有（　　）。

A. 外购的无形资产以购买价款和支付的相关税费以及直接归属于使该资产达到预定用途发生的其他支出为计税基础

B. 自行开发的无形资产，以开发过程中发生费用为计税基础

C. 通过捐赠取得的无形资产，以捐赠方和受赠方协议价格为计税基础

D. 通过债务重组取得的无形资产，以该资产的公允价值和支付的相关税费为计税基础

11. 下列各项中，按照我国现行税法，应征个人所得税的有（　　）。

A. 个人以股份形式取得的企业量化资产参与分配获得的利息

B. 个人以股份形式取得的不拥有所有权的企业量化资产

C. 个人以股份形式取得的拥有所有权的企业量化资产

D. 个人以股份形式取得的拥有所有权的企业量化资产转让收入

12. 下列各项中，不属于城镇土地使用税纳税义务人的有（　　）。

A. 拥有土地使用权的外商投资企业

B. 租借写字楼办公的内资公司

C. 拥有土地使用权且将其用于办公的政府机关

D. 种植加工一体化生产的农副产品加工厂

13. 在计算企业所得税时，企业发生的支出中，可以扣除的税金包含（　　）。

A. 增值税　　B. 消费税　　C. 企业所得税　　D. 车船税

14. 企业发生的下列支出中，可以在计算企业应纳税所得额时全额扣除的项目有（　　）。

A. 通过公益性社会团体用于规定的公益事业的捐赠支出

B. 资助给非关联的科研机构的研究费

C. 当期发生的固定资产盘亏净损失，清查盘存资料经主管税务机关审核

D. 企业向非金融企业借款的利息支出（不超过金融企业的同期同类贷款利率）

三、计算问答题（本题型共4小题，每小题6分，共24分。要求列出计算步骤，每步骤运算得数精确到小数点后两位）

1. 蓝天公司为自营出口的生产企业，属于一般纳税人，出口货物的征税税率为13%，退税税率为10%。2019年10月的有关业务如下：购进原材料一批，取得增值税专用发票注明的价款为500万元，发票已通过验证。上月末留抵税款8万元，本月内销货物不含税销售额200万元，本月出口货物的销售额折合人民币400万元。试计算蓝天公司当月的“免、

抵、退”税额。

2. 某在境内无住所的外籍个人在 2019 年取得以下所得：

（1）从境外 A 国取得由境外某公司支付的特许权使用费 10 000 元（人民币，下同），并已在 A 国缴纳特许权使用费个人所得税 1 300 元。

（2）从境外 B 国取得由境内某外商投资企业支付的劳务报酬所得 20 000 元，已在 B 国缴纳劳务报酬个人所得税 3 000 元。

（3）从境内取得由境外某公司支付的劳务报酬所得 8 000 元。

（4）从境内取得由境内某单位支付的财产转让净所得 50 000 元。

要求：

（1）假设该外籍个人已在境内连续居住满 6 个纳税年度，计算该外籍个人在我国应缴纳的个人所得税。

（2）假设该外籍个人在境内无住所且 2019 年度内在境内居住累计不满 90 天，计算该外籍个人在我国应缴纳的个人所得税。

3. 某卷烟厂为增值税一般纳税人。2019 年 10 月，发生如下业务：

（1）月初进口一批烟丝，支付货价 300 万元、卖方佣金 10 万元，该批烟丝运抵我国输入地点起卸前，发生运费及保险费共计 12 万元；起卸后发生运费 2 万元、保险费 1.5 万元。以上业务已取得海关进口完税凭证、海关进口增值税专用缴款书、公路内河货运发票。

（2）购进其他原材料、水、电等，取得的增值税专用发票上注明的增值税税额合计为 40 万元，其中 2 万元为税务机关代开增值税专用发票所载税额。

（3）领用月初进口烟丝的 80% 用于本厂生产 M 牌号卷烟。

（4）按 60 元/条的调拨价格（不含增值税）销售 600 标准箱 M 号卷烟给某卷烟批发公司。

其他相关资料：假定烟丝的关税税率为 10%；烟丝的消费税税率为 30%；甲类卷烟的消费税税率为 56% 加 0.003 元/支；乙类卷烟的消费税税率为 36% 加 0.003 元/支；卷烟每标准箱 = 250 标准条，每标准条 = 200 支；假定该卷烟厂期初无增值税留抵税额，所取得的增值税进项税额扣除凭证均在当月认证并通过。

根据上述资料，回答问题，如有计算，需计算出合计数。

（1）计算 10 月该卷烟厂进口烟丝应缴纳的增值税。

（2）计算 10 月该卷烟厂进口烟丝应缴纳的消费税。

（3）计算 10 月该卷烟厂国内环节应缴纳的增值税。

（4）计算 10 月该卷烟厂国内环节应缴纳的消费税。

4. 某首饰制造企业（增值税一般纳税人），主要生产加工金银首饰、钻石饰品和其他非金银首饰，2019 年 10 月发生以下业务：

（1）销售玉石首饰取得不含税收入 129.8 万元，镀金首饰不含税收入 28 万元。

（2）采取“以旧换新”方式向消费者销售金项链 1 批，旧项链抵顶 12 万元，该批项链取得差价款（含税）合计 56.5 万元。

（3）为某企业定制特定款式的工艺玛瑙首饰和部分金银首饰（共 10 条），该企业作为礼品赠送使用，取得含税收入 113 万元（由于定价时，未明确分开计算，金银首饰没有专门价格）。

（4）用若干金项链向某工业企业抵偿债务，该批项链账面成本为39万元，零售价67.8万元。

（其他相关资料：金银首饰、铂金饰品和钻石及钻石饰品消费税税率5%，其他贵重首饰和珠宝玉石的消费税税率为10%）

要求：计算该首饰制造企业应缴纳的消费税。

四、综合题（本题型共2小题，共31分。要求列出计算步骤，每步骤运算得数精确到小数点后两位）

1. 长江公司于2018年8月在某市成立，为增值税一般纳税人，2019年度相关经营情况如下：

（1）外购原材料，取得防伪税控系统开具的增值税专用发票，注明金额5 000万元、增值税进项税额800万元，另支付购货运输费用220万元，取得运输企业开具的增值税专用发票。

（2）对外销售A产品1 000个，每个含税金额16.95万元，共计取得含税金额16 950万元；支付销售货物的运输费用300万元，保险费用和装卸费用160万元，取得普通发票。

（3）销售A产品40个给本公司职工，以成本价核算取得销售金额400万元；该公司新设计生产B产品5个，每个成本价12万元，转为集体福利使用。市场上无B产品销售价格（成本利润率10%）。

（4）为促进产品销售，该企业决定成立顾客会员俱乐部，每位会员收取会费每年2 000元，共招收会员100个单位，如需提供服务单收费。

（5）转让10年前自建的旧生产车间，取得收入1 200万元，该车间的原值为1 000万元，已提取折旧400万元。该车间经有权机构评估，成新度为30%，目前建造同样的生产车间需要1 500万元；转让旧生产车间时向政府补缴土地出让金80万元，发生其他相关费用20万元。

（6）转让一块土地使用权，取得收入560万元。年初取得该土地使用权时支付金额420万元，转让时发生相关费用6万元。

（7）发生业务招待费130万元、技术开发费280万元（上年发生技术开发费260万元）；其他管理费用1 100万元。

（8）发生广告费用700万元、业务宣传费用140万元、展览费用90万元。

（9）发生财务费用900万元，其中向其他企业借款支付的利息费用600万元，年利息率为6%，金融机构同期贷款利率为5%。

要求：按下列顺序回答问题：

（1）分别计算该企业2019年应缴纳的增值税、城市维护建设税和教育费附加、土地增值税。

（2）计算该企业2019年实现的应税收入总和。

（3）计算企业所得税前准许扣除的销售成本总和。

（4）计算企业所得税前准许扣除的销售税金及附加总和。

（5）计算企业所得税前准许扣除的销售费用总和。

（6）计算企业所得税前准许扣除的管理费用总和。

（7）计算企业所得税前准许扣除的财务费用总和。

（8）计算该企业2019年应缴纳的企业所得税。

2. 黄河公司为在西部地区新办的从事国家鼓励类产业的内资企业，是增值税一般纳税人，其主营业务收入占企业总收入的80%。该公司2019年度有关涉税资料如下：

（1）2019年产品销售收入2 800万元，销售成本1 300万元。

（2）本年度发生销售费用700万元（其中广告费500万元）；管理费用600万元（其中业务招待费30万元）；财务费用90万元。

（3）产品销售税金180万元（其中，增值税120万元）。

（4）计入成本、费用中的实发工资总额180万元，拨缴职工工会经费5万元（已经取得工会专用缴款收据），支出职工福利费30万元，教育经费15.9万元。

（5）本年度受让符合条件的环境保护项目，该项目取得项目收入800万元，项目成本600万元（不包括在前述的产品销售收入和销售成本中），该项目的转让方从2013年开始取得第一笔项目的生产经营收入，已经成功地运转了5年。

（6）本年度新投资一项符合国家规定的节能节水专用设备，投资额为100万元，设备折旧已经记入管理费用。

（7）本年度其他业务收入100万元，营业外收入50万元。

（8）本年度营业外支出90万元（含通过公益性社会团体向贫困山区捐赠40万元）。

要求：计算黄河公司2019年度的应纳企业所得税。

2020年注册会计师全国统一考试《税法》全真模拟试题（二）参考答案及解析

一、单项选择题

1. 答案：B

解析：税收管理体制是在各级国家机构之间划分税权的制度。

2. 答案：A

解析：出租车公司向使用本公司自有出租车的出租车司机收取的管理费用，按照陆路运输服务缴纳增值税。

3. 答案：A

解析：一般纳税人注销或取消辅导期一般纳税人资格，转为小规模纳税人时，其存货不作进项税额转出处理，留抵税额也不予退税。

4. 答案：B

解析：现行税法规定，符合下列情形之一的，纳税人应进行土地增值税的清算：（1）房地产开发项目全部竣工，完成销售的；（2）整体转让未竣工决算房地产开发项目的；（3）直接转让土地使用权的。

5. 答案：D

解析：对于委托加工雪茄烟，应由受托方代收代缴消费税。受托方应代收代缴的消费税 $=(80\ 000+10\ 000)\div(1-36\%)\times 36\%=50\ 625$（元）。

6. 答案：C

解析：纳税人一经放弃免税权，其生产销售的全部增值税应税货物或劳务均应按照适用税率征税，不得选择某一免税项目放弃免税权，也不得根据不同的销售对象选择部分货物或劳务而放弃免税权。

7. 答案：D

解析：根据消费税相关规定，委托加工消费品无参考价格的，按照组成价格计算消费税，组成价格＝（材料成本＋加工费）÷（1－比例税率），猫熊公司应代收代缴的消费税＝ $(80+10)\div(1-15\%)\times 15\%=15.89$（万元）。

8. 答案：A

解析：现行税法规定，纳税人应纳的资源税属于跨省开采，其下属生产单位与核算单位不在同一省、自治区、直辖市的，对其开采的矿产品一律在开采地纳税。

9. 答案：B

解析：购置房地产须缴纳契税，不缴纳增值税无须缴纳“两税”；上市公司股权转让不缴纳“两税”；由海关代征的消费税和增值税不计算缴纳城市维护建设税。

10. 答案：C

解析：资源税在应税产品的销售或者自用环节计算缴纳。该油田本月应该缴纳的资源税 = (100 + 20) × 6% = 7.2（万元）。

11. 答案：D

解析：金融保险业以外汇结算营业额的，金融业按其收到外汇的当天或当季季末中国人民银行公布的基准汇价折合营业额，保险业按其收到外汇的当天或当月月末中国人民银行公布的基准汇价折合营业额。其他企业，人民币的折合率可以选择当天，也可以选择当月 1 日的国家外汇牌价。

12. 答案：D

解析：一般纳税人零售的烟、酒、食品、服装、化妆品、鞋帽（不包括劳保用品）等消费品不得开具专用发票。

13 答案：B

解析：凡使用代收单位（受托方）票据收取的款项，应视作代收单位价外收费，购买者支付的价费款，应并入计税依据中一并征税。凡使用委托方票据收取，受托方只履行代收义务和收取代收手续费款项，应按其他税收政策征税。应纳车辆购置税 = (169 500 + 2 260 + 4 000 + 5 000) ÷ (1 + 13%) × 10% = 15 996.46（元）。

14. 答案：B

解析：选项 A，发电厂与电网之间、电网与电网之间签订的购售电合同应按“购销合同”计税贴花，但是电网与用户之间签订的供用电合同不属于印花税列举征税的凭证，不征收印花税。选项 C，银行及其他金融组织与借款人（不包括银行同业拆借合同）所签订的合同应按“借款合同”计税贴花，融资租赁合同也属于借款合同。选项 D，房屋产权证、工商营业执照、商标注册证、专利证、土地使用证应按“权利许可证照”计税贴花，卫生许可证不属于印花税的征税范围。

15. 答案：D

解析：对企业被盗的固定资产或存货，以该固定资产的账面净值或存货的成本减除保险赔款和责任人赔偿后的余额，作为固定资产或存货被盗损失，在计算应纳税所得额时扣除。

16. 答案：C

解析：种植饲养用地免税 = (8 000 − 4 000 − 2 000) × 2 = 4 000（元）。

17. 答案：D

解析：每年收取固定利润分红实质为租房应从租计征。从价计征的房产原值 = 5 000 × (1 − 40%) = 3 000（万元）；

应缴纳房产税 = 3 000 × (1 − 20%) × 1.2% + 200 × 12% = 52.8（万元）。

18. 答案：C

解析：跨省、自治区、直辖市使用的车船，车船税的纳税地点为车船的登记地。

19. 答案：C

解析：税务机关对当事人作出罚款处罚决定的，当事人应当在收到行政处罚决定书之日起15日内缴纳罚款，到期不缴纳的，税务机关可以对当事人每日按罚款数额的3%加处罚款。

20. 答案：C

解析：企业发生的公益性捐赠支出，不超过利润总额的12%的部分，准予扣除。

21. 答案：B

解析：稿酬不属于劳务报酬。

22. 答案：D

解析：选项ABC不得在个体工商户支出中扣除。

23. 答案：A

解析：现行税法规定，跨地区的非独立核算分支机构应当自设立之日起30日内，向所在地税务机关办理注册税务登记。

24. 答案：A

解析：世界上最早的国际税收协定是1843年比利时和法国政府签订的，德国和奥地利在1899年也签订了税收协定。

二、多项选择题

1. 答案：ACD

解析：增值税属于中央和地方共享税。

2. 答案：ABCD

3. 答案：AB

解析：选项A属于虚开增值税专用发票，不得抵扣进项税额。选项B，管理不善造成非正常损失，进项税额不得抵扣。选项C，住宿服务业发票未列入不得抵扣项目，因公出差取得住宿费专用发票，可以抵扣。选项D，接受贷款服务向贷款方支付的与该笔贷款直接相关的咨询费不得抵扣进项税，但是从会计师事务所取得的咨询费增值税专用发票，可以抵扣进项税额。

4. 答案：ABC

解析：纳税人为销售货物而出租、出借包装物收取的押金，单独记账核算的，且时间在1年以内，又未过期的，不并入销售额征税，但对销售除啤酒黄酒外的其他酒类，无论是否返还以及会计上如何核算，均应并入当期销售额计征增值税。受托加工应税消费品时，仅就加工劳务收入缴纳增值税。

5. 答案：CD

解析：现行税法规定，土地增值税的征税范围为转让国有土地使用权和地上的建筑物及其附着物，国家征用房地产和国有土地使用权出让不属于土地增值税的征税范围。

6. 答案：ABC

解析：长期为客户提供重复的劳务收取的劳务费，在相关劳务活动发生时确认收入。

7. 答案：AB

解析：现行税法规定，纳税人将生产的应税消费品换取生产资料、消费资料、投资入股、偿还债务，以及继续生产应税消费品以外的其他方面都应缴纳消费税。

8. 答案：ABC

解析：外贸企业出口货物适用先征后退计算方法。

9. 答案：BC

解析：选项 BC 不属于价外费用。选项 AD 属于销售额。

10. 答案：AD

解析：自行开发的无形资产，以开发过程中该支出符合资本化条件后至达到预定用途前发生的支出为计税基础。通过捐赠取得的无形资产，以该资产的公允价值和支付的相关税费为计税基础。

11. 答案：AD

解析：现行税法规定，集体所有制企业在改制为股份合作制企业时，对职工个人以股份形式取得的拥有所有权的企业量化资产，暂缓征收个人所得税。

12. 答案：BC

解析：现行税法规定，城镇土地使用税的纳税义务人，主要是拥有土地使用权的单位和个人，但政府机关的办公用地免交城镇土地使用税。

13. 答案：BD

解析：企业发生的除企业所得税和允许抵扣的增值税以外的企业缴纳的各项税金及附加，可以税前扣除。

14. 答案：CD

解析：非金融企业向非金融企业借款的利息支出，不超过按照金融企业同期同类贷款利率计算的数额的部分可据实扣除，超过部分不可扣除。通过公益性社会团体用于规定的公益事业的捐赠支出，在利润总额 12% 以内的部分，准予扣除。

三、计算问答题

1. 答案：

（1）当期“免、抵、退”税不得免征和抵扣税额 = 400 ×（13% − 10%）= 12（万元）；

（2）当期应纳税额 = 200 × 13% −（500 × 13% − 12）− 8 = −35（万元）；

（3）出口货物“免、抵、退”税额 = 200 × 10% = 20（万元）；

（4）当期应退税额为 26 万元；

（5）当期免抵税额为 0，留抵结转下期继续抵扣税额 = 35 − 26 = 9（万元）。

2. 答案：

（1）特许权使用费应缴个人所得税 = 10 000 ×（1 − 20%）× 20% − 1 300 = 300（元）；

外资企业支付的劳务报酬所得应缴个人所得税 = 20 000 ×（1 − 20%）× 20% − 3 000 = 200（元）；

境外企业支付的劳务报酬所得应缴个人所得税 = 8 000 ×（1 − 20%）× 20% = 1 280（元）；

财产转让净所得应缴个人所得税 = 50 000 × 20% = 10 000（元）；

因此，如果该外籍个人已在境内连续居住满 6 个纳税年度，其在我国应缴纳的个人所得税总额应为 = 300 + 200 + 1 280 + 10 000 = 11 780（元）。

（2）假设该外籍个人在境内无住所且 2019 年度内在境内居住累计不满 90 天，因该外籍个人未住满90天，所以（1）项所得免税；

因该外籍个人未住满90天，所以（2）项所得也免税；

因该外籍个人未住满90天，所以（3）项所得同样也免税；

财产转让净所得应缴个人所得税＝50 000×20%＝10 000（元）。

因此，如果该外籍个人在境内未住满90天，其在我国应缴纳的个人所得税总额应为10 000元。

3. 答案：

（1）进口烟丝组成计税价格＝(300＋10＋12)×(1＋10%)÷(1－30%)＝506（万元）。

进口烟丝增值税税额＝506×13%＝65.78（万元）。

（2）进口烟丝消费税税额＝506×30%＝151.8（万元）。

（3）进项税额合计＝65.78＋2×9%＋40＝105.96（万元）；销项税额合计＝60×600×250×13%÷10 000＝117（万元）；该卷烟厂国内环节应缴纳的增值税＝117－105.96＝11.04（万元）。

（4）本月可扣除的进口烟丝消费税＝151.8×80%＝121.44（万元）。

国内环节消费税＝60×600×250×36%÷10 000＋600×250×200×0.003÷10 000－121.44＝324＋9－121.44＝333－121.44＝211.56（万元）。

4. 答案：

（1）销售玉石首饰和镀金首饰应缴纳消费税：

应缴纳的消费税＝(129.8＋28)×10%＝15.78（万元）。

（2）“以旧换新”销售金项链应缴纳的消费税＝56.5÷(1＋13%)×5%＝2.5（万元）。

（3）定制加工金银首饰应缴纳的消费税＝113÷(1＋13%)×10%＝10（万元）。

（4）抵偿债务应缴纳的消费税＝67.8÷(1＋13%)×5%＝3（万元）。

该首饰制造企业应该缴纳的消费税＝15.78＋2.5＋10＋3＝31.28（万元）。

四、综合题

1. 答案：

（1）应缴纳的各项税金：

①增值税：

销项税额＝1 000×16.95÷(1＋13%)×13%＋40×16.95÷(1＋13%)×13%＋5×12×(1＋10%)×13%＋1 200÷(1＋5%)×5%＋(560－420)÷(1＋5%)×5%＝2 100.39（万元）；进项税额＝800＋220÷1.09×9%＝818.17（万元）。

应缴纳增值税＝2 100.39－818.17＝1 282.22（万元）。

②应缴纳城市维护建设税和教育费附加＝1 282.22×(7%＋3%＋2%)＝153.87（万元）。

③土地增值税：

转让旧生产车间的土地增值额＝1 200－[80＋20＋1 200÷(1＋5%)×5%×(1＋7%＋3%＋2%)＋1 200×0.05%＋1 500×30%]＝1 200－(80＋20＋64＋0.6＋450)＝585.4（万元）；

增值率＝585.4÷(1 200－585.4)×100%＝95.25%（适用税率40%）；

应缴纳土地增值税 = 585.4 × 40% − 614.6 × 5% = 234.16 − 30.73 = 203.43（万元）；

转让土地使用权的土地增值额 = 560 − [420 + 6 + (560 − 420) ÷ (1 + 5%) × 5% × (1 + 7% + 3% + 2%) + (560 − 420) × 0.05%] = 560 − (420 + 6 + 7.47 + 0.07) = 560 − 433.54 = 126.46（万元）；

增值率 = 126.46 ÷ 433.54 × 100% = 29.17%（适用税率 30%）；

应缴纳土地增值税 = 126.46 × 30% = 37.94（万元）；

合计应纳土地增值税 = 203.43 + 37.94 = 241.37（万元）。

（2）实现的收入 = 1 000 × 16.95 ÷ (1 + 13%) + 40 × 16.95 ÷ (1 + 13%) + 5 × 12 × (1 + 10%) + 1 200 + 560 + 0.2 × 100 = 15 000 + 600 + 66 + 1 200 + 560 + 20 = 17 446（万元）。

（3）应扣除的销售成本 = (1 000 + 40) × (400 ÷ 40) + 5 × 12 + (1 000 − 400) + 420 = 11 480（万元）。

（4）应扣除的销售税金及附加 = 153.87 + 241.37 = 395.24（万元）。

（5）广告费和业务宣传费扣除标准：17 446 × 15% = 2 616.9（万元），实际发生额 840 万元(700 + 140）小于扣除标准，准予扣除。

应扣除的销售费用 = 300 + 160 + 80 + 20 + 6 + 700 + 140 + 90 = 1 496（万元）。

（6）业务招待费扣除标准：130 × 60% = 78（万元），而 17 446 × 5‰ = 87.23（万元），只能扣除 78 万元。

应扣除的管理费用 = 1 100 + 78 + 280 × 150% = 1 598（万元）。

（7）应扣除的财务费用 = (900 − 600) + 600 ÷ 6% × 5% = 800（万元）。

（8）2019 年应缴纳的企业所得税 = (17 446 − 11 480 − 395.24 − 1 496 − 1 598 − 800) × 25% = 1 676.76 × 25% = 419.19（万元）。

2. 答案：

黄河公司 2019 年销售收入 = 2 800 + 800 + 100 = 3 700（万元）；会计利润总额 = 3 700 + 50 − 1 300 − 700 − 600 − 90 − (180 − 120) − 600 − 90 = 310（万元）；广告费扣除限额 = 3 700 × 15% = 555（万元）广告费不用调整；业务招待费调增所得额 = 30 − 30 × 60% = 12（万元）；(3 700 × 0.005 = 18.5 > 30 × 60%)；职工工会经费超支 = 5 − 180 × 2% = 1.4（万元）；职工福利费超支 = 30 − 180 × 14% = 4.8（万元）；教育经费超支 = 15.9 − 180 × 8% = 1.5（万元）；受让的环境保护项目本年度减半征收企业所得税，调减所得额 100 万元；公益救济性捐赠应调增所得额 = 40 − 310 × 12% = 2.8（万元）。

会计利润经过纳税事项调整之后，得到应纳税所得额 = 310 + 12 + 1.4 + 4.8 + 1.5 − 100 + 2.8 = 232.5（万元）。

由于投资节能节水项目可以减免应纳税额 = 100 × 10% = 10（万元），因此黄河公司 2019 年应纳企业所得税金额 = 232.5 × 15% − 10 = 24.88（万元）。

解析：企业购置并实际使用符合规定的环境保护、节能节水、安全生产专用设备，该专用设备投资额的 10% 可以从企业当年应纳税额中抵免，当年不足抵免的可以在以后 5 个纳税年度结转抵免；对设在西部地区国家鼓励类产业企业，在 2011 年 1 月 1 日至 2020 年 12 月 31 日期间，减按 15% 的税率征收企业所得税。

2020年注册会计师全国统一考试
《税法》全真模拟试题（三）

一、单项选择题（本题型共24题，每题1分，共24分。每题只有一个正确答案，请从每题的备选答案中选出一个你认为正确的答案）

1.（　　）是统领所有税收规范的根本准则，为包括税收立法、执法、司法在内的一切税收活动所必须遵守。

A. 税收公平原则　　B. 税收法定原则

C. 税收效率原则　　D. 实质课税原则

2. 2019年8月，小王将个人位于北京的住房出租给小李，每个月向小李收取租金6 000元整，那么小王出租该房屋每个月应缴纳增值税（　　）元。

A. 114.29　　B. 171.43　　C. 285.71　　D. 85.71

3. 采取分期付款方式销售货物时，其增值税专用发票开具的时限是（　　）。

A. 货物发出的当天　　B. 收到第一期销售额的当天

C. 合同约定的收款日期的当天　　D. 收到全部货款的当天

4. 以下说法错误的是（　　）。

A. 一般纳税人接受试点小规模运输企业提供的交通运输服务，应以取得的货物运输业增值税专用发票上注明的增值税额抵扣进项税额

B. 纳税人提供应税服务，开具增值税专用发票后，发生提供应税服务中止、折让、开票有误等情形，应当按照国家税务总局的规定开具红字增值税专用发票

C. 纳税人提供应税服务，将价款和折扣额未在同一张发票上分别注明的，不得扣减折扣额

D. 纳税人提供有形动产租赁服务采取预收款方式的，其纳税义务发生时间为应税服务完成的当天

5. 佳佳家具公司为增值税一般纳税人，2019年7月实行还本销售家具，家具零售价为339 000元，成本为200 000元，一年后还本，佳佳公司应缴纳的增值税税额是（　　）元。

A. 13 000　　B. 21 940.17　　C. 26 000　　D. 39 000

6. 下列除了在生产销售环节征收消费税外，还在批发环节征收一次的商品是（　　）。

A. 烟丝　　B. 白酒　　C. 卷烟　　D. 啤酒

7. 在按照组成计税价格计算缴纳消费税时，其中包括的利润是根据应税消费品的全国平均成本利润率计算的。应税消费品全国平均成本利润率由（　　）确定。

A. 主管税务机关　　B. 省级国家税务局

C. 国家税务总局　　D. 财政部

8. 下列各项中，符合城市维护建设税相关规定的是（　　）。

A. 跨省开采的油田，下属生产单位与核算单位不在一个省内的，应按照油井所在地适用税率缴纳城市维护建设税

B. 纳税人跨地区提供建筑服务，应在建筑发生地按适用税率缴纳城市维护建设税

C. 流动经营等无固定纳税地点的单位和个人应随同缴纳“两税”的经营地的适用税率缴纳城市维护建设税

D. 代扣代缴的城市维护建设税应按照被扣缴纳税人所在地适用税率缴纳城市维护建设税

9. 土地增值税由（　　）的税务机关负责征收。

A. 房地产所在地　　B. 房地产合同签订地

C. 产权人居住地　　D. 产权人户口所在地

10. 下列各项中，应该按照有关规定缴纳城镇土地使用税的是（　　）。

A. 寺庙内宗教人员生活用地

B. 公园办公用地

C. 用于农、林、牧、渔业的办公用地

D. 市政街道绿化用地

11. 甲烟草公司为增值税一般纳税人，9 月收购烟叶 20 000 千克，烟叶收购价为 10 元/千克，货款已全部支付。该烟草公司 9 月收购烟叶应缴烟叶税（　　）元。

A. 44 000　　B. 40 000　　C. 30 000　　D. 33 000

12. 某航运公司 2019 年拥有机动船 4 艘，每艘净吨位为 3 000 吨；2019 年 7 月新购送货运输车 10 辆，每辆净吨位 10 吨，不含税价值为 200 000 元/辆。其所在省车船税计税标准为净吨位 2 000 吨以下的，每吨 4 元；2 001 ~ 10 000 吨的，每吨 5 元，载货汽车每顿年税额 80 元。该航运公司 2019 年应缴纳车船税和车购税为（　　）元。

A. 260 000　　B. 264 000　　C. 263 600　　D. 265 400

13. 我国现行税法规定，纳税人隐瞒、虚报房地产成交价格的，其计算征收土地增值税的转让收入额应当是（　　）。

A. 同地段同类房地产的平均市场价格

B. 同地段同类房地产的最低市场价格

C. 同地段同类房地产的最高市场价格

D. 房地产评估机构根据同类房地产进行综合评定的价格

14. 下列各项中，符合房产税纳税义务人规定的是（　　）。

A. 产权属于集体的由使用人缴纳

B. 房屋产权出典的由出典人缴纳

C. 产权纠纷未解决的由代管人或使用人缴纳

D. 产权属于国家所有的不缴纳

15. 某汽车制造厂 2019 年 9 月将自产轿车 10 辆用于向某汽车租赁公司进行投资，双方协议投资作价 120 000 元/辆，将自产轿车 3 辆转作本企业固定资产，将自产轿车 4 辆奖励给对企业发展有突出贡献的员工。该企业生产的上述轿车售价为 180 000 元/辆（不含增值税），国家税务总局对同类轿车核定的最低计税价格为 150 000 元/辆。该汽车制造厂应纳车辆购置税（　　）元。

A. 45 000　　B. 54 000　　C. 252 000　　D. 306 000

16. 在计算应纳税所得额时，下列支出可以税前扣除的是（　　）。

A. 向投资者支付的股息、红利

B. 企业之间支付的管理费

C. 母公司为其子公司提供各种服务而发生的费用

D. 未经核定的准备金支出

17. 某货运公司 2019 年拥有载货汽车 25 辆、挂车 10 辆，自重吨位均为 20 吨；3 辆四门六座客货两用车，自重吨位为 3 吨；小轿车 2 辆。该公司所在省规定载货汽车年纳税额每吨 30 元，9 座以下乘人汽车年纳税额每辆 400 元。该公司 2019 年应缴的车船税为（　　）元。

A. 19 620　　B. 22 070　　C. 20 040　　D. 21 690

18. 下列关于企业重组业务中企业所得税处理的陈述，不正确的是（　　）。

A. 税法上企业重组，是指企业在日常经营活动以外发生的法律结构或经济结构重大改变的交易，包括企业法律形式改变、债务重组、股权收购、资产收购、合并、分立等

B. 资产收购，受让企业收购的资产不低于转让企业全部资产的 85%，且受让企业在该资产收购发生时的股权支付金额不低于其交易支付总额的 75%，转让企业取得受让企业股权的计税基础，可以以被转让资产的原有计税基础确定

C. 企业债务重组，以非货币资产清偿债务，应当分解为转让相关非货币性资产、按非货币性资产公允价值清偿债务两项业务，确认相关资产的所得或损失

D. 企业重组的税务处理，区分不同条件，分别适用一般性税务处理规定和特殊性税务处理规定

19. 甲企业与乙企业签订了一项委托加工合同，合同约定由乙企业提供价值 1 000 万元的主要原材料，交给甲企业加工，乙企业需要支付 50 万元的加工费，同时还需要支付甲企业代垫的辅助材料费 20 万元，则甲乙双方此项合同共需缴纳印花税为（　　）元。

A. 500　　B. 700　　C. 6 500　　D. 6 700

20. 在我国境内未设机构、场所的外国公司向我国企业转让生产设备的所得，应该（　　）。

A. 按转让收入全额的 10% 计算企业所得税

B. 按转让收入减除财产原值后的 10% 计算企业所得税

C. 按转让收入减除财产净值后的 10% 计算企业所得税

D. 免征企业所得税

21. 以下个人所得，需要缴纳个人所得税的是（　　）。

A. 个人取得的保险赔款

B. 境内上市公司股票转让所得

C. 个人转让居住 3 年并且是家庭唯一住房取得的所得

D. 个人因离婚办理房屋产权过户手续

22. 小王 2019 年平均每个月工资收入 10 000 元，年底取得年终奖 1 万元，请问小王选择将年终奖一次单独计税的话，该笔年终奖应缴纳个人所得税（　　）元。

A. 300　　B. 500　　C. 485　　D. 291

23. 我国现行税法规定，公司职工取得的用于购买企业国有股权的劳动分红，按（　　）项目计征个人所得税。

A. 工资、薪金所得　　B. 劳务报酬所得

C. 利息、股息、红利所得　　D. 生产经营所得

24. 纳税担保中，不可以抵押的财产是（　　）。

A. 抵押人所有的房屋　　B. 抵押人所有的机器

C. 土地所有权　　D. 纳税人依法有使用权的国有房屋

二、多项选择题（本题型共 14 题，每题 1.5 分，共 21 分。每题均有多个正确答案，请从每题的备选答案中选出你认为正确的答案，所有答案选择正确的得分；不答、错答、漏答均不得分）

1.《税收征收管理法》的有关规定，下列各项中不得作为纳税保证人的有（　　）。

A. 学校

B. 医院

C. 无民事行为能力的自然人

D. 纳税信誉等级被评为 D 级的单位

2. 根据《增值税暂行条例》及其《增值税暂行条例实施细则》的规定，小规模纳税人的认定说法中正确的有（　　）。

A. 从事货物生产或者提供应税劳务的纳税人，年应税销售额在 500 万元以下

B. 非企业性单位可选择按小规模纳税人纳税

C. 年应税销售额超过小规模纳税人标准的其他个人按小规模纳税人纳税

D. 不经常发生应税行为的企业可选择按小规模纳税人纳税

3. 根据增值税法律制度的规定，自 2019 年 10 月 1 日起，下列服务业的增值税加计抵减比例提高至 15%（　　）。

A. 文化体育服务　　B. 教育服务

C. 旅游服务　　D. 餐饮服务

4. 某卷烟批发企业，2019 年 10 月将购进的卷烟对外批发 150 箱，开具普通发票，发票上注明价款为 33 900 元，下列说法正确的有（　　）。

A. 卷烟批发企业应纳增值税为 3 900 元

B. 卷烟批发企业应纳增值税为 4 500 元

C. 卷烟批发企业应纳消费税为 1 500 元

D. 卷烟批发企业需要缴纳从量消费税

5. 下列各项中，可以按照委托加工应税消费品的有关规定计算缴纳消费税的有（　　）。

A. 委托方提供主要原料，受托方只是收取加工费加工而成的应税消费品

B. 委托方提供主要原料，受托方代垫辅助材料并收取加工费加工而成的应税消费品

C. 受托方以委托方的名义购进原材料加工而成的应税消费品

D. 受托方将原材料卖给委托方，然后再接受加工而成的应税消费品

6. 下列税种不由海关负责征收的有（　　）。

A. 印花税　　B. 车船税

C. 船舶吨税　　D. 进口增值税

7. 按照我国现行税法，下列税种中，其纳税义务人包括外商投资企业和外国企业的有（　　）。

A. 城市维护建设税　　B. 城镇土地使用税

C. 房产税　　D. 印花税

8. 按照我国现行税法，下列各项中，可以享受增值税出口免税并退税的税收优惠政策的有（　　）。

A. 企业在国内采购并运往境外作为在国外投资的货物

B. 对外承包工程公司运出境外用于对外承包项目的货物

C. 来料加工复出口的货物

D. 生产企业自营出口或委托外贸企业代理出口的自产货物

9. 下列说法符合城建税和教育费附加规定的有（　　）。

A. 对个人转让著作权取得收入免征城建税和教育费附加

B. 国家重大水利工程免征城市维护建设税

C. 代扣代缴“两税”的单位和个人，同时也是城建税的代扣代缴义务人

D. 个人将不动产无偿赠送免征城建税和教育费附加

10. 我国现行税法规定，土地增值税的纳税义务人为（　　）并取得收入的单位和个人。

A. 出租国有土地使用权　　B. 出让国有土地使用权

C. 转让地上建筑物　　D. 转让土地使用权

11. 下列关于资源税减征规定，正确的有（　　）。

A. 从低丰度油气田开采的原油、天然气，减征20%资源税

B. 高含硫天然气、三次采油和从深水油气田开采的原油、天然气，减征30%资源税

C. 稠油、高凝油，减征40%资源税

D. 从衰竭期矿山开采的矿产品，减征30%资源税

12. 下列关于税务行政复议表述正确的有（　　）。

A. 对计划单列市税务局的具体行政行为不服的，向国家税务总局申请行政复议

B. 对税务所（分局）、各级税务局的稽查局的具体行政行为不服的，向其所属税务局申请行政复议

C. 对两个以上税务机关共同作出的具体行政行为不服的，向共同上一级税务机关申请行政复议；对税务机关与其他行政机关共同作出的具体行政行为不服的，向其共同上一级行政机关申请行政复议

D. 对被撤销的税务机关在撤销以前所作出的具体行政行为不服的，向继续行使其职权的税务机关的上一级税务机关申请行政复议

13. 下列关于企业年金个人所得税征收管理的规定中，表述正确的有（　　）。

A. 企业年金的个人缴费部分在不超过本人缴费工资计税基数的4%标准内的部分，暂从个人当期应纳税所得额中扣除

B. 企业年金个人缴费工资计税基数为本人上一年度月平均工资

C. 个人因出境定居而一次性领取的年金个人账户资金，或个人死亡后，其指定的受益人或法定继承人一次性领取的年金个人账户余额，适用综合所得税率表计算纳税

D. 设立企业年金计划的企业，应按照个人所得税法和税收征收管理法的有关规定，实行全员全额扣缴明细申报制度

14. 下列提供劳务满足收入确认条件的说法，不正确的有（　　）。

A. 安装费，根据安装完工进度确认收入

B. 宣传媒介收费，应在相关的广告或商业行为出现于公众面前时确认收入

C. 广告的制作费，应在广告出现于公众面前时确认收入

D. 软件费，应该在软件完成时一次确认收入

三、计算问答题（本题型共4小题，每小题6分，共24分。要求列出计算步骤，每步骤运算得数精确到小数点后两位）

1. 某乳品企业2019年12月销售9 605吨巴氏杀菌牛乳，其主营业务成本为6 000万元，农产品耗用率为70%，原乳单耗数量为1.06，原乳2019年12月初库存数量为4 000吨，平均购买单价为3 850元/吨，当期购进8 000吨，买价为4 075元/吨。该乳品企业按照投入产出法确定农产品增值税进项税额，请计算：

（1）该企业农产品期末平均买价。

（2）当期农产品耗用数量。

（3）当期允许抵扣农产品增值税进项税额（该企业增值税适用税率13%）。

2. 王某作为中国居民，2019年共发生以下经济事项：

（1）承包了某小区餐厅，按照协议规定，王某每年缴纳12万元的租金，餐厅由王某自主经营。2019年全年，餐厅共收入110万元，购买原材料支出30万元，水电燃气共支出5万元，装饰支出10万元，支付给外聘员工工资20万元，赞助小区物业春节游园活动1万元，王某为孩子报兴趣班支出2万元。

（2）在经过业主同意后，王某将餐厅1/4的房屋转租给张某，用于张某售卖彩票的窗口，每个月收取租金4 000元。

（3）王某为小区居民提供设计服务，取得一次性收入30 000元。

（4）王某买彩票一次中奖2 000元。

要求：

（1）王某承包餐厅的收入，按什么税目计算缴纳个人所得税。

（2）计算2019年，王某承包餐厅应缴纳的个人所得税。

（3）计算王某将餐厅房屋转租每月应缴纳的个人所得税。

（4）计算王某提供设计服务应缴纳的个人所得税。

（5）计算王某买彩票中奖应缴纳的个人所得税。

3. 甲市某企业2019年有如下业务：

（1）1 月 1 日，将价值 150 万元的自有房产一座出租给 A 企业，每年租金 50 万元；

（2）3 月 1 日，开始修建车间一座，9 月 30 日该车间建成并投入使用，造价 300 万元；

（3）6 月 1 日，将自有房产一座价值 100 万元投资到 B 企业，双方约定每年支付该企业固定收益 30 万元；

（4）7 月 1 日，对老车间进行改造，8 月改造完毕并投入使用，旧车间原值 300 万元，已经计提折旧 210 万元，这次改造花费 120 万元；

（5）除上述情况外，该企业财务账簿 1 月 1 日还记载有房产原值 3 000 万元，其中包括：正在作为基建工地使用的临时房屋 500 万元，单独记账的中央空调 100 万元，连续停用 4 个月的车间 600 万元（已经恢复使用）。

按照当地规定允许减除 30% 后按余值计税。

要求：计算该企业本年应缴房产税。

4. 某工业企业为居民企业，假定 2019 年经营业务如下：

（1）产品销售收入 640 万元，其他业务收入 180 万元。

（2）产品销售成本 400 万元，其他业务成本 80 万元。

（3）营业税金及附加 28.6 万元。

（4）当期发生的管理费用 86 万元，其中新技术的研究开发费用 35 万元、业务招待费 10 万元。

（5）财务费用 20 万元。

（6）权益性投资收益 15 万元（被投资方位于深圳，当年适用税率为 20%）。

（7）营业外收入 10 万元（其中处置固定资产净收益 6 万元），营业外支出 30 万元（其中含公益性捐赠 25 万元）。

（8）当年 12 月购进安全生产设备一台，投资额为 30 万元。

要求：根据上述资料和税法有关规定，回答下列问题：

（1）计算企业 2019 年管理费用纳税调整金额（包括加计扣除部分）；

（2）计算企业 2019 年营业外支出的纳税调整金额；

（3）计算企业 2019 年应纳所得税额。

四、综合题（本题型共 2 小题，共 31 分。要求列出计算步骤，每步骤运算得数精确到小数点后两位）

1. 甲制药公司为增值税一般纳税人，注册资本金 3 000 万元，生产职工年均 1 500 人。2019 年相关生产、经营资料如下：

（1）公司坐落在某市区，全年实际占用土地面积共计 140 000 平方米，其中：公司办的职工子弟学校占地 10 000 平方米、幼儿园占地 4 000 平方米、非独立核算的门市部占地 6 000平方米、职工宿舍占地 40 000 平方米、生产经营场所占地 80 000 平方米。

（2）公司上年末结转到本年度的固定资产原值共计 5 200 万元，其中：房产原值 3 200 万元，机器设备原值 2 000 万元。签订租赁合同 1 份，7 月 1 日将房产原值 200 万元的仓库出租给某商场存放货物，出租期限 2 年，共计租金 48 万元。签订合同时预收半年租金 12 万元，其余的在租用期的当月收取。

（3）年初向各医药销售公司签订销售合同 20 份，记载销售金额为 9 000 万元。本年实际实现不含税销售额9 000万元，取得送货的运输费收入45.2万元；购进制药原材料，取得增值税专用发票，注明购货金额2 400万元、进项税额312万元；支付购货的运输费50万元，保险费和装卸费30万元，取得运输公司及其他单位开具的普通发票。

（4）本年取得的销售收入为9 000万元，送货的运输费收入为45.2万元。可以扣除的产品销售成本为6 000万元，发生销售费用1 200万元，其中：含广告宣传费800万元；发生财务费用320万元，发生管理费用960万元（不包括有关税金），其中：含业务招待费用40万元（注：该公司所在地城镇土地使用税每平方米单位税额为2元；房产税计算余值时的允许扣除比例为25%）。

要求：根据所给资料，计算甲制药公司2019年应缴纳的城镇土地使用税、房产税、印花税、增值税、城建税及教育费附加和企业所得税。

2. 某县城甲粮食白酒生产企业为增值税一般纳税人，2019年10月有关经营情况如下：

（1）本期外购粮食一批，取得的增值税发票注明的不含税价款为500万元；支付粮食的运输费用55万元，取得经税务机关认定运输公司开具的增值税专用发票。

（2）本期生产食用酒精价值300万元，部分销售取得不含税收入100万元，剩余部分继续生产粮食白酒。

（3）将价值200万元的原料委托乙企业加工成白酒，甲企业支付加工费100万元。甲企业共收回委托加工白酒2 000吨，乙企业已依法代收代缴消费税（无乙企业生产的同类产品市场价格）。甲企业将白酒收回后，直接出售，开出的增值税专用发票上注明的销售收入为800万元。

（4）销售3 000吨粮食白酒给专卖店，取得不含税销售收入1 000万元。

（5）零售1 000吨粮食白酒，取得含税销售收入300万元，另外收取包装物押金50万元。

（6）取得专卖店购买白酒的延期付款的违约费30万元，已向对方开具了普通发票。

（7）月末盘存发现从一般纳税人购进的库存粮食短缺32万元，经认定短缺的粮食属于管理不善造成的非正常损失。

（注：相关票据均合法并可在当期抵扣）

要求：

（1）计算业务(1)所涉及的增值税进项税额。

（2）计算业务(2)所涉及的增值税销项税额和消费税额。

（3）计算乙企业应纳增值税及应代收代缴的消费税。

（4）计算业务(4)应计算的增值税销项税额和消费税额。

（5）计算业务(5)应计算的增值税销项税额和消费税额。

（6）对业务(6)进行税务处理。

（7）对业务(7)进行税务处理。

（8）计算甲企业当月应纳的增值税和消费税。

（9）计算公司本月应缴纳的城市维护建设税和教育费附加。

2020年注册会计师全国统一考试
《税法》全真模拟试题（三）参考答案及解析

一、单项选择题

1. 答案：B

解析：税收法定原则是统领所有税收规范的根本准则，为包括税收立法、执法、司法在内的一切税收活动所必须遵守。

2. 答案：D

解析：根据“营改增”的规定，个人出租住房，按照5%的税率减按1.5%计算应纳税额。小王每月应纳增值税额 $=6\ 000\div(1+5\%)\times1.5\%=85.71$（元）。

3. 答案：C

解析：现行税法规定，增值税专用发票的开具时间按增值税纳税义务的发生时间开具。采用分期付款方式销售货物时，其增值税专用发票开具的时间是合同约定的收款日期的当天。

4. 答案：D

解析：自2005年1月1日起，经国家税务局正式审核批准的当期免抵的增值税应纳入城建税和教育费附加的计征范围；纳税人提供有形动产租赁服务采取预收款方式的，其纳税义务发生时间为取得预收款的当天。

5. 答案：D

解析：采用还本方式销售货物，销售额就是货物的销售价格，不得从销售额中减除还本支出。应缴纳的增值税税额 $=339\ 000\div(1+13\%)\times13\%=39\ 000$（元）。

6. 答案：C

解析：与其他消费品不同的是，卷烟除了在生产销售环节征收消费税外，还在批发环节征收一次。

7. 答案：C

解析：1993年12月28日与2006年3月，国家税务总局颁发了《消费税若干具体问题的规定》，明确了应税消费品全国平均成本利润率。

8. 答案：C

解析：选项A，跨省开采的应当选择核算地的税率。选项B，纳税人跨地区从事建筑服务的，应在建筑服务发生地预缴增值税时，以预缴增值税税额为依据，并按发生地使用税率计算缴纳城建税。选项 D，代扣代缴、代收代缴的城建税按受托方（扣缴方）所在地适用税率执行。

9. 答案：A

解析：土地增值税的纳税人应向房地产所在地主管税务机关办理纳税申报。

10. 答案：C

解析：选项 B 公园、名胜古迹自用的土地，是指供公共参观游览用地及管理单位的办公用地；直接用于农、林、牧、渔业的生产用地可以免税，办公用房不可以免税。

11. 答案：A

解析：按照相关规定，纳税人收购烟叶应纳税额 = 收购价款 $\times(1+10\%)\times$ 税率 = $20\ 000\times10\times(1+10\%)\times20\%=44\ 000$（元）。

12. 答案：B

解析：车船税纳税义务发生时间为取得车船所有权的当月，车船税 $=4\times3\ 000\times5+10\times10\times80\div2=64\ 000$（元）；应纳车购税 $=20\ 000\times10\times10\%=20\ 000$（元）；2019 年应纳车船税和车购税 $=64\ 000+200\ 000=264\ 000$（元）。

13. 答案：D

解析：现行税法规定，隐瞒、虚报房地产成交价格，应由评估机构参照同类房地产的市场交易价格进行评估。税务机关根据评估价格确定转让房地产的收入。

14. 答案：C

解析：产权属集体和个人所有的，由集体单位和个人纳税；产权出典的，应当由承典人纳税；产权属于国家所有的由经营管理单位纳税。

15. 答案：B

解析：对外投资、奖励的车辆，最终的车主不是汽车厂，所以，这两项业务汽车厂不涉及车购税；自产自用 3 辆，这是汽车厂家所有，如果能取得购置价格，则按购置价格计税。缴纳车购税 $=3\times180\ 000\times10\%=54\ 000$（元）。

16. 答案：C

解析：选项 A、B 和 D，不得在税前扣除。

17. 答案：B

解析：挂车按照载货汽车计税方法征税；客货两用汽车按载货汽车的计税单位和税额标准计征车船税。应缴纳车船税 $=20\times25\times30+20\times10\times30+3\times3\times30+2\times400=22\ 070$（元）。

18. 答案：B

解析：资产收购，受让企业收购的资产不低于转让企业全部资产的 75%，且受让企业在该资产收购发生时的股权支付金额不低于其交易支付总额的 85%，转让企业取得受让企业股权的计税基础，可以以被转让资产的原有计税基础确定。

19. 答案：B

解析：对于由委托方提供主要材料或者原料，受托方只提供辅助材料的加工合同，无论加工费和辅助材料金额是否分别记载，均以辅助材料与加工费的合计数。依照加工承揽合同计税贴花，对委托方提供的主要材料或原料金额不计税贴花。按委托加工合同缴纳印花税 =

（50 + 20）× 5‰ = 350（元）；甲乙双方各需缴纳 350 元，合计应缴纳 700 元。

20. 答案：C

解析：现行税法规定，非居民企业转让财产所得以收入全额减除财产净值后的余额为应纳税所得额。

21. 答案：C

解析：个人转让自用达 5 年以上，并且是唯一的家庭生活用房取得的所得，免征个人所得税。

22. 答案：A

解析：10 000 ÷ 12 = 833.33（元），属于 3% 税率档，应缴个人所得税：10 000 × 3% = 300（元）。

23. 答案：A

解析：公司职工取得的用于购买企业国有股权的劳动分红，按"工资、薪金所得"项目计征个人所得税。

24. 答案：C

解析：不能抵押的财产：（1）土地所有权；（2）土地使用权，抵押范围有规定的除外；（3）学校、幼儿园、医院等以公益为目的的事业单位、社会团体、民办非企业单位的教育设施、医疗卫生设施和其他社会公益设施；（4）所有权、使用权不明或者有争议的财产；（5）依法被查封、扣押、监管的财产；（6）依法定程序确认为违法、违章的建筑物；（7）法律、行政法规规定禁止流通的财产或者不可转让的财产；（8）经设区的市、自治州以上税务机关确认的其他不予抵押的财产。

二、多项选择题

1. 答案：ABCD

解析：国家机关、学校、幼儿园、医院等事业单位、社会团体不得作为纳税保证人。有以下情形之一的，不得作为纳税保证人：（1）有偷税、抗税、骗税、逃避追缴欠税行为被税务机关、司法机关追究过法律责任未满 2 年的；（2）因有税收违法行为正在被税务机关立案处理或涉嫌刑事犯罪被司法机关立案侦查的；（3）纳税信誉等级被评为 C 级以下的；（4）在主管税务机关所在地的市（地、州）没有住所的自然人或税务登记不在本市（地、州）的企业；（5）无民事行为能力或限制民事行为能力的自然人；（6）与纳税人存在担保关联关系的；（7）有欠税行为的。

2. 答案：ABCD

解析：选项 ABCD 选项说法均正确。

3. 答案：ABCD

解析：根据增值税法律制度的规定，自 2019 年 10 月 1 日起，生活服务业的增值税加计抵减比例提高至 15%。选项 ABCD 均属于生活服务业。

4. 答案：AC

解析：卷烟批发企业只根据批发卷烟的销售额计算从价消费税。应纳增值税 = 33 900 ÷（1 + 13%）× 13% = 3 900（元），应纳消费税 = 33 900 ÷（1 + 13%）× 5% = 1 500（元）。

5. 答案：AB

解析：现行税法规定，委托加工应税消费品是指由委托方提供原料和主要材料，受托方只收取加工费和代垫部分辅助材料加工的应税消费品。无论是委托方还是受托方凡不符合规定条件的，都不能按照委托加工应税消费品进行税务处理。

6. 答案：AB

解析：船舶吨税和进口增值税由海关负责征收。

7. 答案：ABCD

解析：现行税法规定，印花税的纳税义务人为在中国境内书立、使用、领受印花税法所列举的凭证并应依法履行纳税义务的单位和个人，并不排除外商投资企业和外国企业。

8. 答案：ABD

解析：来料加工复出口的货物实行出口免税但不退税的政策。

9. 答案：ABC

解析：选项D中，单位或者个人将不动产或者土地使用权无偿赠送其他单位或者个人，视同发生应税销售行为按规定征收增值税，因此同时也需要征收城建税和教育费附加。

10. 答案：CD

解析：出租国有土地使用权和出让国有土地使用权不属于土地增值税征税范围。

11. 答案：ABCD

解析：选项ABCD均为资源税减税项目。

12. 答案：ABCD

解析：按照《税务行政复议规则》规定，对下列税务机关的具体行政行为不服的，按照下列规定申请行政复议：

（一）对计划单列市税务局的具体行政行为不服的，向国家税务总局申请行政复议。

（二）对税务所（分局）、各级税务局的稽查局的具体行政行为不服的，向其所属税务局申请行政复议。

（三）对两个以上税务机关共同作出的具体行政行为不服的，向共同上一级税务机关申请行政复议；对税务机关与其他行政机关共同作出的具体行政行为不服的，向其共同上一级行政机关申请行政复议。

（四）对被撤销的税务机关在撤销以前所作出的具体行政行为不服的，向继续行使其职权的税务机关的上一级税务机关申请行政复议。

（五）对税务机关作出逾期不缴纳罚款加处罚款的决定不服的，向作出行政处罚决定的税务机关申请行政复议。但是对已处罚款和加处罚款都不服的，一并向作出行政处罚决定的税务机关的上一级税务机关申请行政复议。

有前款（二）、（三）、（四）、（五）项所列情形之一的，申请人也可以向具体行政行为发生地的县级地方人民政府提交行政复议申请，由接受申请的县级地方人民政府依法转送。

13. 答案：ABCD

14. 答案：CD

解析：广告的制作费，应根据制作广告的完工进度确认收入。软件费，为特定客户开发软件的收费，应根据开发的完工进度确认收入。

三、计算问答题

1. 答案：

（1）期末平均买价=(期初库存农产品数量×期初平均买价+当期购进农产品数量×当期买价)÷(期初库存农产品数量+当期购进农产品数量)=(4 000×3 850+8 000×4 075)÷(4 000+8 000)=4 000（元/吨）。

（2）当期农产品耗用数量=当期销售货物数量×农产品单耗数量=9 605×1.06=10 181.3（吨）。

（3）当期允许抵扣农产品增值税进项税额=当期农产品耗用数量×农产品平均购买单价×扣除率÷(1+扣除率)=10 181.3×4 000×10%÷(1+10%)=370.23（万元）。

2. 答案：

（1）王某承包餐厅的收入，按经营所得项目，适用5%～35%五级超额累进税率征收个人所得税。

（2）可扣除的支出=12+30+5+10+20=77（万元）。王某的费用扣除标准为60 000（元）。全年应纳税所得额=110－77－6=27（万元），赞助支出和家庭支出不得在税前扣除。2019年应缴个人所得税=270 000×20%－10 500=43 500（元）。

（3）王某出租部分每月向房东支付的租金=120 000÷12÷4=2 500（元）。每月应缴纳的个税=(4 000－2 500－800)×20%=140（元）。

（4）应纳税所得额=30 000－30 000×20%=24 000（元），应纳个人所得税=24 000×30%－2 000=5 200（元）。

（5）买彩票中奖应缴个人所得税=2 000×20%=400（元）。

3. 答案：

（1）出租房产应缴纳的房产税=50×12%=6（万元）。

（2）新车间应缴纳的房产税=300×(1－30%)×1.2%÷12×3=0.63（万元）。

注意：只需要缴3个月的房产税。

（3）投资房产应缴纳的房产税=30×12%÷12×7+100×(1－30%)×1.2%÷12×5=2.1+0.35=2.45（万元）。

投资房产部分注意只需要缴纳7个月的房产税，另外5个月按余值缴税。

（4）老车间改造应缴纳的房产税=300×(1－30%)×1.2%÷12×6+(300+120)×(1－30%)×1.2%÷12×6=1.26+1.76=3.02（万元）。

注意：改造后的原值发生变化，因此要分段计算房产税。

（5）其余应缴房产税=(3 000－500)×(1－30%)×1.2%=21（万元）。

正在为基建工地使用临时房免房产税；根据规定，单独记账的中央空调也要缴房产税；连续停用6个月以上的房产，在房屋大修期间免房产税。

（6）本年共应缴房产税=6+0.63+2.45+3.02+21=33.1（万元）。

解析：①纳税人将原有房产用于生产经营的，从生产经营之月起缴纳房产税；②新建房屋用于生产的，自建成之次月起缴纳房产税。

4. 答案：

（1）研究开发费用加计扣除额=35×75%=26.25（万元）。

销售（营业）收入 = 640 + 180 = 820（万元），业务招待费扣除限额 = 820 × 5‰ = 4.1（万元），实际发生额的 60% = 10 × 60% = 6（万元），纳税调增 = 10 − 4.1 = 5.9（万元）。

合计调整 = 5.9 − 26.25 = −20.35（万元）。

（2）会计利润 = 640 + 180 + 15 + 10 − 400 − 80 − 28.6 − 86 − 20 − 30 = 200.4（万元）。

捐赠限额 = 200.4 × 12% = 24.05（万元），实际捐赠额 25 万元，纳税调增 = 25 − 24.05 = 0.95（万元）。

（3）境内投资收益是免税的，所以纳税调减 15 万元。

应缴纳企业所得税 = (200.4 − 15 − 11.6 + 0.95) × 25% − 30 × 10% = 40.69（万元）。

解析：企业购置并实际使用符合规定的安全生产专用设备，该专用设备投资额的 10% 可以从企业当年应纳税额中抵免，当年不足抵免的可以在以后 5 个纳税年度结转抵免。

四、综合题

1. 答案：

（1）该公司 2019 年应缴纳的城镇土地使用税：

应纳城镇土地使用税税额 = 2 × (140 000 − 10 000 − 4 000) ÷ 10 000 = 25.2（万元）。

（2）该公司 2019 年应缴纳的房产税：

从价计征房产应纳税额 = (3 200 − 200) × (1 − 25%) × 1.2% + 200 × (1 − 25%) × 1.2% × 50% = 27.9（万元）。

从租计征房产应纳税额 = 48 ÷ 4 × 12% = 1.44（万元）。

房产税合计：27.9 + 1.44 = 29.34（万元）。

（3）该公司 2019 年应缴纳的印花税：

应纳印花税：出租房产合同贴花额 = 48 × 0.1% = 0.05（万元）。

销售合同贴花额 = 9 000 × 0.03% = 2.7（万元）。

印花税合计 = 0.05 + 2.7 = 2.75（万元）。

（4）该公司 2019 年应缴纳的增值税：

销项税：

9 000 × 13% + 45.2 ÷ (1 + 13%) × 13% = 1 175.2（万元）。

12 ÷ 1.09 × 0.09 = 0.99（万元）。

进项税：

可抵扣的进项税 = 312 + 50 × 9% = 316.5（万元）。

应缴纳的增值税 = 1 175.2 + 0.99 − 316.5 = 859.69（万元）。

（5）该公司应缴纳的城建税和教育费附加 = 859.69 × (7% + 3%) = 85.97（万元）。

（6）该公司 2019 年应缴纳的企业所得税：

收入总额 = 9 000 + 45.2 ÷ (1 + 13%) + 12 ÷ 1.09 = 9 051.01（万元）。

扣除项目金额：

产品销售成本：6 000 万元；

销售费用：1 200 万元；

广告费扣除标准：9 051.01 × 30% = 2 715.30（万元）> 800 万元，按实际发生额扣除；

管理费用：960 − 40 + 24 = 944（万元）；

业务招待费扣除标准：9 051.01×0.005=45.25（万元）>40×60%=24（万元）；

应纳税所得额=9 051.01－6 000－1 200－320－944－25.2－29.34－2.75－85.97=443.75（万元）；

应纳企业所得税=443.75×25%=110.94（万元）。

解析：自2016年1月1日起至2020年12月31日止，对化妆品制造或销售、医药制造和饮料制造（不含酒类制造）企业发生的广告费和业务宣传费支出，不超过当年销售（营业）收入30%的部分，准予扣除；超过部分，准予在以后纳税年度结转扣除。

2. 答案：

（1）粮食应计算进项税额=500×9%=45（万元）。

支付的运输费用应计算进项税额=55÷(1+9%)×9%=4.54（万元）。

增值税进项税额=45+4.54=49.54（万元）。

（2）销售酒精应该缴纳增值税销项税额=100×13%=13（万元）。

销售酒精不缴纳消费税。

（3）委托加工白酒应该由受托方缴纳增值税=100×13%=13（万元）。

由于无乙企业生产的同类产品市场价格，所以组成计税价格=(材料成本+加工费+委托加工数量×定额税率)÷(1－比例税率)=(200+100+2 000×2 000×0.5÷10 000)÷(1－20%)=625（万元）；收回委托加工白酒应该由受托方代收代缴消费税=625×20%+2 000×2 000×0.5÷10 000=325（万元）。

委托加工白酒收回后直接出售，无须缴纳消费税。

出售收回的委托加工白酒应该缴纳增值税=800×13%=104（万元）。

（4）销售粮食白酒应交增值税销项税额=1 000×13%=130（万元）。

销售粮食白酒应缴消费税=2 000×2 000×0.5÷10 000+1 000×20%=400（万元）。

（5）零售粮食白酒应缴增值税销项税额=(300+50)÷(1+13%)×13%=40.27（万元），对销售除啤酒黄酒外的其他酒类产品而收取的包装物押金，无论是否返还及会计上如何核算，均应并入当期销售额。

零售粮食白酒应缴消费税=1 000×2 000×0.5÷10 000+(300+50)÷(1+13%)×20%=161.95（万元）。

（6）延期付款的违约费应缴增值税销项税额=30÷(1+13%)×13%=3.45（万元）。

延期付款的违约费应缴消费税=30÷(1+13%)×20%=5.31（万元）。

（7）短缺粮食应转出进项税额=32×9%=2.88（万元）。

（8）当月应纳增值税=13+104+130+40.27+3.45+2.88－49.54=244.06（万元）。

应纳消费税=400+161.95+5.31=567.26（万元）。

（9）应纳城市维护建设税=(244.06+567.26)×5%=40.57（万元）。

应纳教育费附加=(244.06+567.26)×3%=24.34（万元）。

应纳地方教育附加=(244.06+567.26)×2%=16.23（万元）。

2020年注册会计师全国统一考试
《税法》全真模拟试题（四）

一、单项选择题（本题型共24题，每题1分，共24分。每题只有一个正确答案，请从每题的备选答案中选出一个你认为正确的答案）

1. 根据税法的职能和作用不同，税法可以分为（　　）。

A. 税收实体法和税收程序法　　B. 税收基本法和税收普通法

C. 流转税法和所得税法　　D. 中央税法和地方税法

2. 大都汽车4S店为一般纳税人，2019年10月售出汽车20辆，共取得价款720万元，其中收取的代顾客缴纳的车辆购置税30万元，代办保险费40万元，车辆装饰费50万元。不考虑其他业务，大都汽车4S店当月销项税额为（　　）万元。

A. 87.18　　B. 74.78　　C. 104.62　　D. 100.26

3. 甲维修部为增值税小规模纳税人，销售一台自用小汽车，取得含税销售额3万元整。甲维修部就该事项应纳增值税（　　）元（假设当季销售额超过30万元）。

A. 873.79　　B. 582.52　　C. 1 428.57　　D. 857.14

4. 某酒厂2019年9月销售粮食白酒20吨，开出的增值税专用发票上注明的销售价款为100 000元，则该酒厂该笔业务应该缴纳的消费税为（　　）元。

A. 30 000　　B. 40 000　　C. 44 000　　D. 50 000

5. 某商贸公司，2020年2月从国外进口一批粮食白酒（合计5 000千克），已知该批应税消费品的关税完税价格为900 000元，按规定应缴纳关税180 000元，粮食白酒的消费税税率为20%，定额消费税为0.5元/斤。该批消费品进口环节应缴纳的消费税税额为（　　）元。

A. 271 250　　B. 339 062.5　　C. 273 750　　D. 276 250

6. 我国现行税法规定，纳税人委托个体经营者加工应税消费品，在计算缴纳消费税时，应该（　　）。

A. 由受托方在向委托方交货时代收代缴

B. 由受托方在加工完毕以后代收代缴

C. 由委托方收回后在受托方所在地缴纳

D. 由委托方收回后在委托方所在地缴纳

7. 下列各项中，按照我国现行相关法规的规定，可以免予缴纳进口关税的是（　　）。

A. 关税税额在人民币500元以下的一票货物

B. 边境小额贸易企业通过指定边境口岸进口原产于毗邻国家的农产品

C. 折价销售的进料加工业务中产生的残次品

D. 出口船舶携带的旅途中的饮用水

8. 扣缴义务人代扣代缴资源税的缴纳地点是（　　）。

A. 开采地　　B. 收购地

C. 纳税义务人所在地　　D. 扣缴义务人所在地

9. 某进出口公司从境外进口一批化妆品，海关审定的成交价格为30万元（折合人民币，下同），并支付境内复制权费5万元。进口化妆品运抵我国境内输入地点起卸前的运输费2万元，保险费0.2万元，为进口化妆品而向自己的采购代理人支付劳务费用0.3万元；另外，委托运输公司将此批货物从海关运往公司，取得增值税专用发票上注明价款1万元、增值税0.10万元。已知该批化妆品进口关税税率为10%，则该公司进口此批化妆品应缴纳关税（　　）万元。

A. 3.72　　B. 3.85　　C. 3.22　　D. 3.25

10. 甲公司共拥有两套相同的房屋，原价均为1 000 000元。一套用于生产经营，另一套则租给了乙公司，每年收取租金收入60 000元。当地规定在计算房产税时允许减除的比例为30%，则甲公司每年应该缴纳的房产税为（　　）元。

A. 7 200　　B. 14 400　　C. 15 600　　D. 16 800

11. 下列各项中，按照有关规定应该缴纳车船税的是（　　）。

A. 警用车船　　B. 残疾人专用车辆

C. 捕捞渔船　　D. 养殖渔船

12. 下列选项中，应作为计算教育费附加和地方教育附加的计征依据的是（　　）。

A. 纳税人违反“两税”有关税法而加收的滞纳金和罚款

B. 对海关进口产品征收的增值税

C. 出口产品享用增值税“免、抵、扣”政策，在境内缴纳的增值税

D. 国家重大水利工程建设基金

13. 甲企业与某高校签订了一个技术服务合同，合同规定，甲企业支付给学校研究开发经费100万元，由学校负责研究开发一套安全操作系统，系统开发出来以后，甲企业再另外支付技术服务费50万元，则甲企业应就此项合同缴纳印花税为（　　）元。

A. 150　　B. 250　　C. 300　　D. 450

14. 下列各项中，属于契税纳税义务人的是（　　）。

A. 以出让方式承受原国有控股公司土地使用权的国有企业

B. 承受教学用建筑物的高校

C. 第一次购买公有住房的城镇职工

D. 承受军事设施用地的军事单位

15. 下列关于契税的陈述，正确的是（　　）。

A. 事业单位按照国家规定改制，改制后承受原单位房产的，应依照规定缴纳契税

B. 契税在机构所在地的征收机关缴纳

C. 购买精装修房屋，装修费用不作为契税的计税依据

D. 在签订房屋权属转移合同的当天即发生契税的纳税义务

16. 事业单位按照国家有关规定改制为企业，原投资主体存续并在改制后企业出资比例超过（　　）的，对改制后企业承受原事业单位土地、房屋权属免征契税。

A. 40%　　B. 45%　　C. 50%　　D. 55%

17. 某卷烟厂向某农场收购烟叶，收购凭证上注明收购价款5万元，该卷烟厂应纳烟叶税（　　）元。

A. 5 000　　B. 5 500　　C. 10 000　　D. 11 000

18. 纳税人在转让旧房计算土地增值税时，不允许从转让收入中减除的项目包括（　　）。

A. 旧房的评估价格

B. 取得土地使用权所支付的地价款

C. 旧房的维修费用

D. 在转让环节缴纳的税金

19. 下列资产处置，应按照规定视同销售计算企业所得税的是（　　）。

A. 将资产由总机构转移至分支机构

B. 将完工产品移送用于科学研究

C. 将产品用于股息分配

D. 将自建商品房转为经营用房

20. 下列所得按照特许权使用费所得征收个人所得税的是（　　）。

A. 个人授权某杂志连载自著小说取得的报酬

B. 个人受托开发软件取得的报酬

C. 个人讲学取得的报酬

D. 作者将自己的文字作品手稿原件或复印件拍卖取得的所得

21. 下列各项中，自2018年1月1日至2020年12月31日，关于小型微利企业政策表述不正确的是（　　）。

A. 对年应纳税所得额低于100万元的小微企业，其所得减按50%计入应纳税所得额

B. 小微企业按20%的税率缴纳企业所得税

C. 非居民纳税人的小微企业同样享受小微企业的税收优惠

D. 符合条件的小型微利企业，统一实行按季度预缴企业所得税

22. 我国现行税法规定，纳税人因特殊困难，不能按期缴纳税款的，经批准，可以延期缴纳，但最长不得超过（　　）。

A. 1个月　　B. 3个月

C. 6个月　　D. 1年

23. 我国现行税法规定，税务机关有根据认为从事生产、经营的纳税人有逃避纳税义务，且纳税人不能提供纳税担保的，经县以上税务局局长批准，税务机关可以采取税收保全措施。下列各项中，不在税收保全措施范围内的是（　　）。

A. 个人经营用房

B. 个人所用机动车辆

C. 个人所用单价4 000元的冰箱

D. 个人所有金银饰品

24. 居民甲2018年购置了一套价值100万元的新住房，同时对原有的两套住房处理如下：一套出售给居民乙，成交价格50万元；另一套市场价格80万元的住房与居民丙进行等价交换。假定当地省政府规定的契税税率为4%，则居民甲应缴纳的契税为（　　）万元。

A. 4　　B. 6　　C. 7.2　　D. 9.2

二、多项选择题（本题型共14题，每题1.5分，共21分。每题均有多个正确答案，请从每题的备选答案中选出你认为正确的答案，所有答案选择正确的得分；不答、错答、漏答均不得分）

1. 下列关于税法原则的表述中，正确的有（　　）。

A. 税收法定原则是税法基本原则中的核心

B. 税收效率原则要求税法的制定要有利于节约税收征管成本

C. 制定税法时禁止在没有正当理由的情况下给予特定纳税人特别优惠这一做法体现了税收公平原则

D. 税收行政法规的效力优于税收行政规章的效力体现了法律优位原则

2. 下列各项中，应当征收增值税的有（　　）。

A. 印刷企业接受出版单位委托，自行购买纸张，采用国际标准书号编序的杂志

B. 软件开发商受托开发软件产品，著作权属于双方共有

C. 增值税纳税人生产销售黏土实心砖、瓦

D. 根据债转股协议，债转股原企业将货物资产作为投资提供给债转股新公司

3. 一般纳税人销售或者提供或者发生财政部和国家税务总局规定的特定的货物、应税劳务、应税行为，也可以选择适用简易计税方法计税，但是不得抵扣进行税额，主要包括以下情况中的（　　）。

A. 典当业销售死当物品

B. 销售2016年5月1日取得的不动产

C. 药品经营企业销售生物制品

D. 安防公司向某房地产公司提供保安人员劳务派遣服务

4. 进口环节增值税纳税人包括（　　）。

A. 进口货物的收货人

B. 进口货物的承受人

C. 跨境电子商务零售进口商品的物流企业

D. 办理报关手续的个人

5. 下列各项中，应该按照“交通运输业”税目征收增值税的有（　　）。

A. 远洋运输企业从事程租业务取得的收入

B. 远洋运输企业从事期租业务取得的收入

C. 航空运输企业从事湿租业务取得的收入

D. 航空运输企业从事干租业务取得的收入

6. 下列各项中，不应计入进口关税完税价格的有（　）。
A. 购货佣金
B. 进口关税
C. 货物运抵我国输入地点起卸前的运费
D. 境外考察费用
7. 我国现行税法规定，下列单位使用的房产中，可以免征房产税的有（　）。
A. 个人所有非营业用房
B. 公园、寺庙自用房产
C. 国家机关所属招待所的业务用房
D. 营利性医疗机构自用房产
8. 下列各项中，属于我国车船税确定税额的总原则有（　）。
A. 非机动车船的税负轻于机动车船
B. 人力车的税负轻于畜力车
C. 小吨位船舶的税负轻于大船舶
D. 载客汽车的税负轻于载货汽车
9. 下列各项中，符合消费税纳税时间规定的有（　）。
A. 采取赊销方式结算的，为发出应税消费品的当天
B. 采取预收货款方式结算的，为收取货款的当天
C. 进口应税消费品，为报关进口的当天
D. 采用托收承付方式结算的，为发出应税消费品并办妥托收手续的当天
10. 下列货物的补税和退税，适用该进口货物原申报进口者进口之日所实施的关税税率的有（　）。
A. 经批准转为内销的加工贸易进口料、件
B. 分期支付租金的租赁进口货物的分期付税
C. 由于税则归类的改变而需补税的
D. 因情况改变，经海关批准转让而需补税的按特定减免税办法予以减免税的进口货物
11. 下面的收入项目中免征个人所得税的有（　）。
A. 个人领取原提存的住房公积金
B. 外籍个人领取的现金住房补贴
C. 国债利息
D. 个人办理代扣代缴税款，按规定取得的扣缴手续费
12. 下列各项中，按照有关规定应当征收资源税的有（　）。
A. 洗煤　　B. 人造石油
C. 选煤　　D. 液体盐
13. 下列属于关联企业转让定价税收筹划方式的有（　）。
A. 利用关联企业之间相互提供劳务进行筹划
B. 利用无形资产价值评定困难进行筹划
C. 利用商品交易进行筹划
D. 利用原材料及零部件购销进行筹划

14. 我国税收征收管理法规定，税款征收优先于（　　）。

A. 发生欠税在前的抵押权的执行

B. 税务机关的罚款

C. 财政部门的罚款

D. 欠职工的工资

三、计算问答题（本题型共 4 小题，每小题 6 分，共 24 分。要求列出计算步骤，每步骤运算得数精确到小数点后两位）

1. 大地商贸公司（有进出口经营权）为增值税一般纳税人，9 月进口一批高档化妆品。该批货物在国外的买价为 170 万元，另货物运抵我国海关前发生包装费、运费和保险费共计 40 万元。货物报关后，大地公司按规定缴纳了增值税和消费税并取得相关缴款书。假定该批进口货物在国内全部销售，取得不含税销售额 600 万元。

相关资料：关税税率为 20%，消费税税率为 30%，增值税税率为 13%。请按下列顺序回答问题：

（1）计算该批化妆品的关税组成价格和关税。

（2）计算该批化妆品进口环节应纳增值税的组成计税价格。

（3）计算该批化妆品进口环节应缴纳的增值税和消费税。

（4）计算该批化妆品国内销售环节的销项税额。

（5）计算该批化妆品国内销售环节应缴纳的增值税。

2. 某家电商场为增值税一般纳税人，2019 年 10 月购销业务如下：

（1）购入彩电一批，取得的防伪税控系统开具的增值税专用发票上注明价、税款分别为 640 000 元、83 200 元。取得的法定扣税凭证可在当月抵扣。

（2）销售上月购入的空调 40 台（进价 3 500 元/台），每台零售价 4 520 元，并实行“买一赠一”方式，赠送的小家电零售价为 113 元/件。

（3）采取以旧换新方式销售手机 300 部，旧手机收购价 100 元/部，新手机零售价为 2 260元/部。

（4）采用分期收款方式销售本月购进的冰柜 10 台，每台零售价 9 040 元，合同规定当月收款 50%，余款再分 5 个月收回。

要求：计算该商场当月应缴纳的增值税税额。

3. 甲公司在某市区自有办公楼两栋，原值分别为 1 600 万元和 1 200 万元，占地面积相同，合计为 6 000 平方米。2019 年 7 月 1 日，该公司将其中价值 1 200 万元的办公楼作为联营投资投入乙企业，每年收取固定的投资收入 100 万元。2019 年企业新占用 19 800 平方米耕地用于工业建设。已知甲公司所在地政府规定在计算房产税时允许扣除的减除比例为 30%，经税务机关核定，甲公司所占土地每平方米的年税额为 3 元，所占耕地适用的定额税率为 40 元/平方米。

要求：计算甲公司这两栋办公大楼 2019 年应该缴纳的房产税、城镇土地使用税和耕地占用税。

4. 某县城的某工厂 2016 年 5 月变更为增值税一般纳税人，全年发生如下业务：

（1）1 月，从当地政府取得土地使用权一块 20 亩，价值 1 600 万元，支付登记费和过户手续费 2 万元。

（2）当月，该企业将这 20 亩土地用于修建办公楼，办公楼于 4 月底建造完毕，支付开发成本 800 万元；房地产开发费用 200 万元（不含贷款利息支出）。

（3）该企业于本年 1 月 1 日向 A 银行贷款 1 000 万元，贷款利率 5%，这笔贷款都是用于新办公楼的建设。

（4）2016 年 12 月，由于该企业无法归还到期的另外一笔 4 000 万元的贷款，将办公楼顶账给银行；该工厂对该业务选择简易计税办法。

要求：

（1）计算新办公楼土地增值税税前可扣除的土地使用权支付金额。

（2）计算新办公楼土地增值税税前可扣除的开发费用。

（3）计算新办公楼转让的有关税金。

（4）计算新办公楼土地增值税税前可扣除的项目合计数。

（5）计算新办公楼的土地增值税税额。

四、综合题（本题型共 2 小题，共 31 分。要求列出计算步骤，每步骤运算得数精确到小数点后两位）

1. 北京市区一卷烟生产企业为增值税一般纳税人，2019 年 12 月有关经营情况如下：

（1）进口烟丝一批。支付货款 100 万元，支付运费保险费 20 万元。

（2）外购已税烟丝一批，取得防伪税控系统开具的增值税专用发票，注明价款 1 000 万元，增值税 130 万元。

（3）用外购已税烟丝的 70% 生产卷烟 1 000 箱，该厂销售这批卷烟给各专卖商场 1 000 箱，取得含税销售收入 2 260 万元，同时收取包装箱押金 2 万元，该厂单独记账核算，约定在 3 个月内归还。

（4）以采取委托银行收款方式向某专卖店销售卷烟 100 箱，含税销售收入 226 万元，当月尚未办好委托收款手续；该专卖店因包装物押金超期被该卷烟厂没收押金 3 000 元。

（5）以卷烟 40 箱换回小轿车一辆，每箱含税价格 2.26 万元。

（6）月末盘存发现库存卷烟短缺价值 20 万元，经认定短缺的卷烟属于非正常损失。

（注：卷烟消费税比例税率为 45%、每箱定额消费税 150 元；烟丝消费税比例税率 30%，关税税率 20%，相关票据均合法并能在当期抵扣）

要求：按下列顺序回答问题，每问均为共计金额：

（1）计算进口环节应缴纳的关税、消费税、增值税。

（2）计算与销售卷烟有关的押金收入的销项税额。

（3）计算非正常损失卷烟应转出的进项税额。

（4）计算当月应抵扣的进项税额。

（5）计算当月应缴纳的增值税。

（6）计算当月可以抵扣的消费税。

（7）计算当月应缴纳的消费税。

（8）计算当期应缴纳的城建税及附加税费。

2. 某市属化妆品厂是增值税一般纳税人（非小型微利企业）。2019 年度，企业实现产品销售收入 2 000 万元，会计利润为 88 万元，企业以此为基础向其主管税务机关申报缴纳企业所得税 22 万元。

注册会计师对企业进行年终审查，发现与应纳税所得额有关的业务内容如下：

（1）企业管理费用中包括新产品的研究开发费用，金额为 20 万元。

（2）企业全年发生的合理的职工工资总额为 160 万元，发生的职工福利支出为 25 万元，拨付的工会经费为 3.2 万元（已经取得工会专用缴款收据），职工教育支出 18.8 万元。

（3）应纳税所得额中含国库券利息收入 4 万元，国家发行的金融债券利息收入 5 万元。

（4）“营业外支出”账户中，列支有上交的税收滞纳金 1 万元，向其关联企业的赞助支出 3 万元。

（5）2019 年 10 月销售化妆品（消费税税率为 30%）收取产品服务费 2.26 万元，并开具了普通发票。企业将此项收入冲减了应付福利费。

（6）“管理费用”账户中，列支了全年与生产经营有关的业务招待费 15 万元。

（7）“其他应付款——包装物押金”为销售化妆品时向客户收取的包装物押金。年底的贷方余额为 50 000 元，其中 20 000 元为逾期包装物押金。

要求：

（1）根据该企业上述资料，分别分析企业 2019 年度申报的应纳税所得额是否正确？错在何处？

（2）核定该企业 2019 年应该缴纳的企业所得税。

2020年注册会计师全国统一考试
《税法》全真模拟试题（四）参考答案及解析

一、单项选择题

1. 答案：A

2. 答案：B

解析：收取的代顾客缴纳的车辆购置税和保险费不属于销售额，应从总价款中扣除。大都汽车4S店2019年10月销项税额 =（720 − 30 − 40）÷（1 + 13%）× 13% = 74.78（万元）。

3. 答案：B

解析：小规模纳税人销售自己使用过的固定资产，按照简易办法依照3%征收率减按2%征收增值税。甲维修部应纳增值税 = 30 000 ÷（1 + 3%）× 2% = 582.52（元）。

4. 答案：B

解析：白酒的消费适用税率是20%，定额税率为500克0.5元，0.5 × 20 × 2 000 + 100 000 × 20% = 40 000（元）。

5. 答案：D

解析：（1）组成计税价格 =（900 000 + 180 000 + 5 000 × 0.5 × 2）÷（1 − 20%）= 1 356 250（元）；（2）应缴纳消费税税额 = 1 356 250 × 20% + 5 000 × 0.5 × 2 = 276 250（元）。

6. 答案：D

解析：现行税法规定，对于委托加工应税消费品，由受托方在向委托方交货时代收代缴消费税，但是对委托个体经营者加工应税消费品，由委托方收回后在委托方所在地缴纳消费税。

7. 答案：D

解析：选项A，关税税额在人民币50元以下的一票货物，可免征关税；选项B，没有这个规定；选项C，海关认定可以减征但不是免征。

8. 答案：B

解析：现行税法规定，扣缴义务人代扣代缴的资源税，应向收购地主管税务机关缴纳。

9. 答案：C

解析：进口货物的关税完税价格包括货物的货价、货物运抵我国境内输入地点起卸前的运输及其相关费用、保险费，不包括境内运费；进口货物在境内的复制权费如能与该货物实付或者应付价格区分，不得计入关税完税价格。该公司进口此批化妆品应缴纳关税 =（30 + 2 + 0.2）× 10% = 3.22（万元）。

10. 答案：C

解析：甲公司每年应缴纳的房产税 = 1 000 000 ×（1 – 30%）× 1.2% + 60 000 × 12% = 15 600（元）。

11. 答案：B

解析：现行税法规定，警用车船、捕捞渔船、养殖渔船可以免征车船税。

12. 答案：C

解析：出口产品享受增值税“免、抵、扣”政策，在境内缴纳的增值税应该作为计算教育费附加和地方教育附加的计征依据。为支持国家重大水利工程建设，对国家重大水利工程建设基金免征城建税及附加税。

13. 答案：A

解析：研究开发经费不作为计税依据。应只就技术服务费计税。甲企业应就此项合同缴纳印花税 = 50 × 0.3‰ = 0.015（万元）。

14. 答案：A

解析：现行税法规定，城镇职工按规定第一次购买公有住房，免征契税。国有控股公司以部分资产投资组建新公司，且该国有控股公司占新公司股份 85% 以上的，对新公司承受该国有控股公司的土地、房屋权属免征契税。但是以出让方式承受原国有控股公司土地使用权的，不在此列。

15. 答案：D

解析：事业单位依照国家规定改制，改制后承受原单位房产的免征契税；契税在土地、房屋所在地的征收机关缴纳；房屋买卖的契税计税价格为房屋买卖合同的总价款，买卖装修的房屋，装修费用应包括在内；契税的纳税义务发生时间是纳税人签订土地、房屋权属转移合同的当天，或者纳税人取得其他具有土地、房屋权属转移合同性质凭证的当天。

16. 答案：C

解析：事业单位按照国家有关规定改制为企业，原投资主体存续并在改制后企业出资比例超过 50% 的，对改制后企业承受原事业单位土地、房屋权属免征契税。

17. 答案：D

解析：烟叶收购金额 = 50 000 ×（1 + 10%）= 55 000（元）；

应纳烟叶税 = 55 000 × 20% = 11 000（元）。

18. 答案：C

解析：现行税法规定，转让旧房的，应按房屋及建筑物的评估价格、取得土地使用权所支付的地价款和按国家统一规定缴纳的有关费用及在转让环节缴纳的税金作为扣除项目金额计征土地增值税。

19. 答案：C

解析：选项 ABD 均属于资产的内部处置，不作为企业所得税的视同销售。

20. 答案：D

解析：作者将自己的文字作品手稿原件或复印件拍卖取得的所得，按“特许权使用费”

所得项目缴纳个人所得税。个人授权杂志连载自著小说所得适用“稿酬所得”缴税，个人讲学及受托开发软件取得的报酬适用“劳务报酬”所得项目缴纳个人所得税。

21. 答案：C

解析：选项C，小微企业的税收优惠仅适用于居民纳税人。

22. 答案：B

解析：《税收征收管理法》规定，纳税人因特殊困难，不能按期缴纳税款的，经省、自治区、直辖市国家税务局、地方税务局批准，可以延期缴纳税款，但最长不得超过3个月。

23. 答案：C

解析：现行《税收征管法》规定，税务机关对单价5 000元以下的其他生活用品，不采取税收保全措施和强制执行措施。

24. 答案：A

解析：本题考核契税的计算。契税以受让方为纳税人，居民之间等价交换房屋的免征契税，因此，甲应缴纳的契税 $=100\times4\%=4$（万元）。

二、多项选择题

1. 答案：ABCD

解析：选项B，税收效率原则包括两个方面，一是指经济效率，二是指行政效率。前者要求税法的制定要有利于资源的有效配置和经济体制的有效运行，后者要求提高税收行政效率，节约税收征管成本；选项C，税收公平原则，禁止对特定纳税人给予歧视性待遇，也禁止在没有正当理由的情况下给予特定纳税人特别优惠；选项D，法律优位原则，其基本含义为法律的效力高于行政法规的效力，还可进一步推论为税收行政法规的效力优于税收行政规章的效力。

2. 答案：AC

解析：软件开发商受托开发软件产品，著作权属于双方共有，不征收增值税；根据债转股协议，债转股原企业将货物资产作为投资提供给债转股新公司的免征增值税。

3. 答案：ACD

解析：选项B中，销售2016年4月30日前取得的不动产，可以选择适用简易计税方法计税。其他三个选项均可以选择适用简易计税方法计税。

4. 答案：ABD

解析：跨境电子商务零售进口商品，购买跨境电子商务零售进口商品的个人作为纳税义务人。电子商务企业电子商务交易平台企业或物流企业可作为代收代缴义务人。

5. 答案：ABC

解析：现行“营改增”规定，航空运输企业从事湿租业务取得的收入，远洋运输企业的程租、湿租业务收入按交通运输业征收增值税。

6. 答案：ABD

解析：选项C，进口货物的完税价格包括货物的货价、货物运抵我国境内输入地点起卸前的运输及其相关费用、保险费。

7. 答案：AB

解析：现行税法规定，个人拥有的所有非营业用的房产均免征房产税；国家机关所属的招待所不属单位公务、业务的用房，应照章纳税。

8. 答案：ABC

解析：现行车船税确定税额的总原则，并没有涉及载客汽车和载货汽车的税负问题。

9. 答案：CD

解析：采取预收货款结算方式的，为发生应税消费品的当天。赊销方式纳税义务的发生时间为销售合同规定的收款日期的当天，托收承付方式为发出应税消费品并办妥托收手续的当天。

10. 答案：ABCD

11. 答案：ACD

解析：外籍个人领取的非现金形式的住房补贴免征个人所得税。

12. 答案：ACD

解析：现行税法规定，原煤征收资源税，洗煤、选煤和其他煤炭制品不征税；开采的天然原油征收资源税，人造石油不征税。

13. 答案：ABCD

14. 答案：ABC

解析：现行税法规定，税收优先于无担保债权、发生欠税在前的抵押权的执行、罚款和没收非法所得。

三、计算问答题

1. 答案：

（1）组成关税价格 $=170+40=210$（万元）；关税 $=210\times20\%=42$（万元）。

（2）增值税组成计税价格 $=(210+42)\div(1-30\%)=360$（万元）。

（3）应缴纳增值税 $=360\times13\%=46.8$（万元）；应缴纳消费税 $=360\times30\%=108$（万元）。

（4）内销环节增值税销项税额 $=600\times13\%=78$（万元）。

（5）内销环节应缴增值税 $=78-46.8=31.2$（万元）。

2. 答案：

销项税额 $=(40\times4\ 520+40\times113+300\times2\ 260+10\times9\ 040\times50\%)\div(1+13\%)\times13\%=104\ 520$（元）。

进项税额 $=83\ 200$（元）。

应纳税额 $=104\ 520-83\ 200=21\ 320$（元）。

3. 答案：

自用办公楼应该缴纳房产税 $=1\ 600\times(1-30\%)\times1.2\%+1\ 200\times(1-30\%)\times1.2\%\div2=18.48$（万元）。

联营投资办公楼应该缴纳房产税 $=100\times12\%\div2=6$（万元）。

甲公司共需缴纳房产税 $=18.48+6=24.48$（万元）。

甲公司应缴纳的城镇土地使用税 $=6\ 000\times3=18\ 000$（元）$=1.8$（万元）。

甲公司应缴纳的耕地占用税 $=19\ 800\times40=792\ 000$（元）$=79.2$（万元）。

4. 答案：

（1）土地增值税税前扣除的土地使用权支付金额 $=1\ 600+2=1\ 602$（万元）。

（2）新办公楼可土地增值税税前扣除的开发费用 =（1 602 + 800）× 5% + 1 000 × 5% + 200 = 370.1（万元）。

（3）新办公楼转让的增值税 = 4 000 ÷（1 + 5%）× 5% = 190.48（万元）。

应缴城建税和教育费附加以及地方教育附加 = 190.48 ×（5% + 3% + 2%）= 19.05（万元）。

应缴印花税 = 4 000 × 0.5‰ = 2（万元）。

企业在县城，城建税税率就是5%；按教材规定非房地产企业的销售印花税按产权转移书据的税率缴纳，并可以在计算土地增值税时扣除；抵债视同销售缴纳增值税，一般纳税人转让其2016年4月30日前自建的不动产，可以选择适用简易计税方法计税，以取得的全部价款和价外费用为销售额，按照5%的征收率计算应纳税额。

（4）新办公楼可土地增值税税前扣除的项目合计数 = 1 602 + 800 + 370.1 + 19.05 + 2 = 2 793.15（万元）。

（5）新办公楼的土地增值额 = 4 000 ÷（1 + 5%）− 2 793.15 = 1 016.37（万元）。

新办公楼的土地增值税税额 = 1 016.37 × 30% = 304.91（万元）。

四、综合题

1. 答案：

（1）进口烟丝关税组成价格 = 100 + 20 = 120（万元）；应缴纳的关税 = 120 × 20% = 24（万元）；增值税计税价格 =（120 + 24）÷（1 − 30%）= 205.71（万元）；进口烟丝应缴纳的消费税 = 205.71 × 30% = 61.71（万元）；进口烟丝应缴纳的增值税 = 205.71 × 13% = 26.74（万元）。

（2）与销售卷烟有关的押金收入的销项税额 = 0.3 ÷（1 + 13%）× 13% = 0.03（万元）。

（3）非正常损失卷烟应转出的进项税额 = 20 × 13% = 2.6（万元）。

（4）当月应抵扣的进项税额 = 26.74 + 130 − 2.6 = 154.14（万元）。

（5）当月应缴纳的增值税 = 2 260 ÷（1 + 13%）× 13% + 2.26 × 40 ÷（1 + 13%）× 13% + 0.03 − 154.14 = 116.29（万元）；向专卖店出售卷烟因未办好委托收款手续，所以本月未发生纳税义务。

（6）当月可以抵扣的消费税 = 1 000 × 30% × 70% = 210（万元）。

（7）当月应缴纳的消费税 = 2 260 ÷（1 + 13%）× 45% + 2.26 × 40 ÷（1 + 13%）× 45% + 0.3 ÷（1 + 13%）× 45% +（1 000 + 40）× 0.015 − 210 = 900 + 36 + 0.12 + 15.6 − 210 = 741.72（万元）。

（8）“两税”合计 = 116.29 + 741.72 = 858.01（万元）；应缴纳城市维护建设税 = 858.01 × 7% = 60.06（万元）；应缴纳教育费附加 = 858.01 × 3% = 25.74（万元）；应缴纳地方教育附加 = 858.01 × 2% = 17.16（万元）。

2. 答案：

（1）企业自行申报的应纳税所得额错误。

①新产品的研究开发费用可以加计扣除75%。

加计扣除费用 = 20 × 75% = 15（万元）。

②职工福利支出超标准：25 - 160 × 14% = 2.6（万元）。

工会经费没有超过标准，按实际发生额扣除。

职工教育支出超过标准：18.8 - 160 × 8% = 6（万元）。

③按照规定，国债利息40 000元免征企业所得税，应从所得额中扣除；国家发行的金融债券利息收入应缴纳所得税。

④“营业外支出”账户中支出的税收滞纳金10 000元和支付关联企业的赞助30 000元不能在税前扣除，应调增应纳税所得额。

⑤收取的产品服务费应作收入处理，按规定缴纳有关税费。

应补缴增值税 = 22 600 ÷ (1 + 13%) × 13% = 2 600（元）。

应补缴消费税 = 22 600 ÷ (1 + 13%) × 30% = 6 000（元）。

应补缴城建税、教育费附加 = (2 600 + 6 000) × (7% + 3%) = 860（元）。

应调增所得额 = 22 600 ÷ (1 + 13%) - 6 000 - 860 = 13 140（元）。

⑥按照税法规定，与生产经营有关的业务招待费，按照发生额的60%扣除，但最高不得超过当年销售收入的5‰，超标准的部分不能在税前扣除。

可以扣除的业务招待费 = 15 × 60% = 9（万元）。

业务招待费最高扣除额 = [2 000 + 2 + 2 ÷ (1 + 13%)] × 5‰ = 10.02（万元）。

可以税前扣除的业务招待费为9万元，应调增应纳税所得额6万元。

⑦逾期包装物押金应计入收入总额，补交增值税、消费税、城建税和教育费附加。

应补缴增值税 = 20 000 ÷ (1 + 13%) × 13% = 2 300.88（元）。

应补缴消费税 = 20 000 ÷ (1 + 13%) × 30% = 5 309.73（元）。

应补缴城建税、教育费附加 = (2 300.88 + 5 309.73) × (7% + 3%) = 761.06（元）。

应调增所得额 = 20 000 ÷ (1 + 13%) - 5 309.73 - 761.06 = 11 628.32（元）。

（2）2019年该企业应缴纳企业所得税：

①应纳税所得额 = 880 000 - 150 000 + 26 000 + 60 000 - 40 000 + 10 000 + 30 000 + 13 140 + 60 000 + 11 628.32 = 900 768.32（元）。

②应缴纳企业所得税 = 900 768.32 × 25% = 225 192.08（元）。

2020年注册会计师全国统一考试《税法》全真模拟试题（五）

一、单项选择题（本题型共24题，每题1分，共24分。每题只有一个正确答案，请从每题的备选答案中选出一个你认为正确的答案）

1. 目前我国税收体系中采用超率累计税率的税种是（　　）。

A. 个人所得税　　B. 土地增值税　　C. 土地使用税　　D. 消费税

2. 2019年5月，长江旅行社取得价款和价外费用共计180万元，向租车公司支付交通费20万元，向合作饭店支付餐饮费30万元，支付旅客签证费1万元，支付门票费8万元。长江旅行社当月收入额为（　　）万元。

A. 121　　B. 122　　C. 130　　D. 150

3. 某房地产公司为一般纳税人，“营改增”之后，将符合条件的项目选用简易征收方式计税。2016年6月购进货物和服务共取得增值税专用发票56份，进项税额60万元，其中出差途中产生的餐饮发票进项税额1万元，为工人购买防雾霾口罩发票进项税额2万元，购进沙土用于2016年3月开工的项目取得发票进项税额30万元，购进水泥用于2016年5月开工项目取得发票进项税额10万元。该房地产公司当月可抵扣的进项税额为（　　）元。

A. 27　　B. 30　　C. 59　　D. 29

4. 下列不可以采用简易计税方法的是（　　）。

A. 以包工包料方式提供的建筑服务　　B. 班车服务

C. 装卸搬运服务　　D. 2019年6月出租1年前购入的房屋

5. 增值税一般纳税人下列项目，税率为9%的是（　　）。

A. 增值电信服务　　B. 贷款服务　　C. 销售干姜　　D. 有形动产租赁

6. 某单位购买一辆小汽车，两年后发现有严重质量问题，经协商此辆汽车被退回生产厂家，则此单位应退回已缴纳车辆购置税额的（　　）。

A. 50%　　B. 80%　　C. 60%　　D. 90%

7. 2019年10月，某烟草公司向烟农收购烟叶10 000公斤，款项已付并开具了收购凭证。已知该地区该类型的烟叶国家统一收购价为800元/50公斤。该烟草公司应纳的烟叶税为（　　）元。

A. 16 000　　B. 32 000　　C. 35 200　　D. 17 600

8. 某进出口公司2019年6月出口日本丝绸300米，进货增值税专用发票列明单价600元/平方米，增值税出口退税率为10%。该进出口公司当期应退增值税税额为（　　）元。

A. 18 000　　B. 7 200　　C. 20 000　　D. 6 153.85

9. 下列有关现行房产税的纳税期限，表述正确的是（　　）。

A. 纳税人自建房屋并用于生产经营的，自房屋建成之次月起缴纳房产税

B. 纳税人委托施工企业建设的房屋，自办理验收手续之日起缴纳房产税

C. 纳税人因房产的实物或权利状态发生变化而依法终止房产税纳税义务的，其应纳税款的计算应截至房产的实物或权利状态发生变化的当天

D. 将原有房产用于生产经营的，从生产经营之次月起，计征房产税

10. 根据税务行政法制的有关规定，下列事项中，说法不正确的是（　　）。

A. 股份制企业的股东大会认为税务具体行政行为侵犯企业合法权益的，以股东个人名义申请行政复议

B. 有权申请行政复议的公民死亡的，其近亲属可以申请行政复议

C. 第三人不参加行政复议，不影响行政复议案件的审理

D. 税务机关依法经上级税务机关批准作出具体行政行为的，批准机关为被申请人

11. 我国《海关法》规定，除法定减免税以外，关税的减免权限属于（　　）。

A. 财政部　　B. 商务部　　C. 国务院　　D. 海关总署

12. 某日化厂（一般纳税人）2019年8月外购化妆品，取得的增值税专用发票上注明税款为8万元，本月生产化妆品领用80%；本期销售化妆品取得不含税收入197万元，该日化厂本月应纳消费税为（　　）万元。

A. 33.6　　B. 44.33　　C. 59.1　　D. 25.5

13. 某市政府有办公用房一栋，账面房产价值4 000万元。2019年1月将其中的1/4对外出租，当年取得租金收入260万元。已知该地区计算房产余值时减除幅度为30%，则该市政府当年应纳房产税为（　　）万元。

A. 51.6　　B. 31.2　　C. 36.4　　D. 56.40

14. 某企业2019年签订了如下经济合同和凭证：与银行签订一年期借款合同，借款金额200万元；与甲公司签订技术开发合同，合同总金额为200万元，其中研究开发费80万元；与某运输公司签订运输合同，运输费用6.5万元，其中保险费0.8万元，装卸费0.4万元。该企业2019年应缴纳印花税（　　）元。

A. 726.5　　B. 486.5　　C. 732.50　　D. 492.5

15. 下列关于矿产资源享受资源税减征优惠的说法中，正确的是（　　）。

A. 对依法通过充填开采方式采出的矿产资源减征40%

B. 对从衰竭期矿山开采的矿产资源减征30%

C. 铁矿石减按60%征收

D. 对纳税人开采销售的未与主矿产品销售额分别核算的共伴生矿减征50%

16. 企业发生非货币性资产交换，企业所得税中下列不视同销售的情况是（　　）。

A. 将货物用于在建工程　　B. 将货物用于职工福利

C. 将货物用于捐赠　　D. 将货物用于偿债

17. 根据我国现行法规规定，不能自行设定税务行政处罚的机关是（　　）。

A. 全国人民代表大会及其常务委员会　　B. 国务院
C. 国家税务总局　　D. 财政部

18. 下列各项中，按照我国现行税法的规定可以免缴契税的是（　　）。
A. 承受城市郊区土地使用权，用于农业生产
B. 因自然灾害灭失住房而重新购买住房
C. 土地被市政府征用后重新承受土地
D. 经国务院批准实施债权转股权的企业，债权转股权后新设立的公司承受原企业土地、房屋权属

19. 下列做法不能够降低企业所得税负担的是（　　）。
A. 亏损企业均应选择能使本期成本最大化的计价方法
B. 盈利企业应尽可能缩短折旧年限并采用加速折旧法
C. 采用双倍余额递减法和年数总和法计提折旧可以降低盈利企业的税负
D. 享受税收优惠的企业应选择减免税优惠期间内存货成本最小化的计价方法

20. 进口自用应税车辆以组成计税价格为依据，组成计税价格公式中不包括（　　）。
A. 关税　　B. 消费税
C. 关税完税价格　　D. 关税未完税价格

21. 耕地占用税的纳税义务发生时间为纳税人收到自然资源主管部门办理占用耕地手续的书面通知的当日。纳税人应当自纳税义务发生之日起（　　）日内申报缴纳耕地占用税。
A. 60　　B. 90　　C. 10　　D. 30

22. 下列税收征管活动适用《税收征收管理法》的是（　　）。
A. 税务机关征收的企业所得税
B. 海关征收的关税及代征的增值税
C. 海关征收的船舶吨税
D. 税务机关征收的教育费附加

23. 按现行规定，在计算应纳税所得额时不得扣除的支出是（　　）。
A. 税收滞纳金　　B. 诉讼费　　C. 违约金　　D. 劳动保护费

24. 下列资产损失，不属于由企业自行计算扣除资产损失的是（　　）。
A. 企业在正常经营管理活动中销售、转让固定资产发生的损失
B. 企业生产性生物资产达到或超过使用年限而正常死亡发生的资产损失
C. 企业各项存货发生的正常损耗
D. 企业捆绑资产发生的损失

二、多项选择题（本题型共 14 题，每题 1.5 分，共 21 分。每题均有多个正确答案，请从每题的备选答案中选出你认为正确的答案，所有答案选择正确的得分；不答、错答、漏答均不得分）

1. 由于在国际税收领域，各国行使征税权力所采取的原则不尽相同，因此各自所确立的税收管辖权范围和内容也有所不同。目前世界上的税收管辖权大致可以分为（　　）。
A. 居民管辖权　　B. 地域管辖权　　C. 公民管辖权　　D. 国家管辖权

2. 增值税一般纳税人销售或进口下列（　　）货物，按照9%税率计征增值税。

A. 杂志　　B. 电　　C. 暖气　　D. 鲜奶

3. 下面进项税额不可以抵扣的有（　　）。

A. 某高校购进书本，用于学生上课用，并取得符合规定的增值税专用发票

B. 一般纳税人购买办公用品，该批办公用品用于一般计税方法和简易征收方法项目

C. 一般纳税人购进蛋糕，用于给员工过集体生日，取得符合规定的增值税专用发票

D. 一般纳税人购进劳保用品，取得符合规定的增值税专用发票

4. 下列各项中，按照有关规定，应当在产品发出时征收消费税的有（　　）。

A. 卷烟厂生产的用于连续生产应税卷烟的烟丝

B. 酒厂作为职工福利发放给职工的滋补药酒

C. 原油加工厂生产的用于加工溶剂油的石油

D. 汽车制造厂把生产出的小汽车提供给上级主管部门使用

5. 纳税人善意取得虚开增值税专用发票，下面的处理正确的有（　　）。

A. 如能重新取得合法、有效的专用发票，准许其抵扣进项税款

B. 如不能重新取得合法、有效的专用发票，不准其抵扣进项税款

C. 不能重新取得合法、有效的专用发票，导致被依法追缴，按日加收滞纳税款万分之五的滞纳金

D. 如不能重新取得合法、有效的专用发票，追缴其已抵扣的进项税款

6. 下列各项中，可以作为城市维护建设税计税依据的有（　　）。

A. 纳税人享受减免税后实际缴纳的增值税

B. 对纳税人滞纳增值税而征收的滞纳金

C. 纳税人偷逃增值税被处的罚款

D. 经国家税务总局正式批准的当期免抵的增值税额

7. 下列各项中，适用我国进口关税的最惠国税率的有（　　）。

A. 原产于与我国共同适用最惠国待遇条款的 WTO 成员方的进口货物

B. 原产于与我国签订有关税互惠协议的国家的进口货物

C. 原产于我国参加的含有关税优惠条款的区域性贸易协定有关缔约方的进口货物

D. 原产于我国境内的进口货物

8. 下列项目中免征环保税说法正确的有（　　）。

A. 养殖场排放的污染物免征环保税

B. 居民自用小汽车排放的污染物免征环保税

C. 城乡生活垃圾集中处理站一律免征环保税

D. 工厂综合利用的固体废物，符合国家和地方环境保护标准的，免征环保税

9. 判断一项转让房地产的行为是否属于土地增值税的征税范围，其标准包括（　　）。

A. 转让的土地的使用权是否为国家所有

B. 转让的土地的使用权是否为国家或农村集体所有

C. 土地使用权、地上的建筑物及其附着物的产权是否发生转让

D. 是否取得收入

10. 下列各项中，按照有关规定可以免征契税的项目有（　　）。

A. 接受直系亲属赠予的住房

B. 企业破产清算期间，债权人承受破产企业土地

C. 以自有房产作股投入本人独资经营企业

D. 承受荒山用于林业生产的

11. 下列有关房产税规定的表述中，正确的有（　　）。

A. 基建工地的各种材料棚施工期间免征房产税

B. 因大修理导致连续停用半年以上的房产，在修理期间免征房产税

C. 产权出典的，由出典人纳税

D. 为鼓励利用地下人防设施，暂不征收房产税

12. 根据手续费及佣金的扣除规定，下列说法正确的有（　　）。

A. 财产保险企业按当年全部保费收入扣除退保金等后余额的15%计算手续费及佣金的扣除限额

B. 企业不得将手续费及佣金支出计入回扣、业务提成、返利、进场费等费用

C. 除委托个人代理外，企业以现金等非转账方式支付的手续费及佣金不得在税前扣除

D. 企业已计入固定资产、无形资产等相关资产的手续费及佣金支出，可在发生当期直接扣除

13. 税务机关依法采取的下列措施中，属于税收保全措施的有（　　）。

A. 书面通知纳税人开户银行冻结相当于应纳税款的存款

B. 书面通知纳税人开户银行从其存款中扣缴税款

C. 扣押纳税人的价值相当于应纳税款的商品

D. 依法拍卖纳税人的价值相当于应纳税款的商品

14. 税务机关派出的人员进行税务检查时，应当出示（　　）。

A. 税务检查证　　B. 税务调查报告

C. 税务检查通知书　　D. 税务事项通知书

三、计算问答题（本题型共4小题，每小题6分，共24分。要求列出计算步骤，每步骤运算得数精确到小数点后两位）

1. 西贝公司为自营出口的生产企业（一般纳税人），2019年8月有关资料如下：

（1）出口销售货物一批，离岸价为折合人民币328万元；

（2）销售给国内其他企业货物一批，取得不含税销售收入400万元人民币；

（3）购进国内原材料一批，价款为200万元，增值税额为26万元，经验收入库支付货款226万元；

（4）购进的原材料中，一部分用于本公司基建工程，实际成本为20万元；

（5）进口进料加工免税料件一批，货物组成计税价格为人民币246万元；

（6）上月末留抵税款20 000元。

该公司适用13%的增值税率，出口退税率为10%，适用“免、抵、退”办法办理出口货物退（免）税。

要求：计算该公司8月应纳增值税额及“免、抵、退”税额。

2. 某家具厂为增值税一般纳税人，2019年10月发生了如下业务：

（1）购进板材一批，取得的增值税专用发票上注明的价款是200 000元，增值税为

26 000元，有关单证可在当月抵扣；

（2）向一般纳税人购进原木一批，取得的增值税专用发票上注明的不含税价款是80 000元，有关单证可在当月抵扣；

（3）向某企业销售办公家具一批，开具的普通发票上注明的价款为100 000元；

（4）向某家具厂销售家具一批，开具的专用发票上注明的价款为500 000元；

（5）期初尚未抵扣的进项税额余额为20 000元。

要求：计算该家具厂2019年10月应该缴纳的增值税。

3. A国母公司在B国设立一子公司，子公司所得为4 000万元，B国所得税税率为30%，子公司在税后利润中分给A国母公司600万元，A国税率为40%。当采取间接抵免时计算A国母公司应缴纳所得税。

4. 某市某化妆品公司（增值税一般纳税人、工业企业）2019年10月有如下业务发生：

（1）生产化妆品一批销售给商场，不含税价格100万元，以前收取化妆品包装盒押金1万元超过规定期限不予退还；

（2）购入化妆品一批，不含税价款30万元，取得增值税发票，用于生产另一种化妆品，不含税价款是40万元，生产已经完毕并办好入库手续；

（3）购入化妆品一批，不含税价款3万元，取得增值税发票，用于生产研发一种新产品10件，并全部在当月赠送给消费者试用；

（4）本月委托外贸公司出口自产化妆品一批，不含税价款30万元；

（5）委托另一工厂加工化妆品一批，支付加工费不含税加工费2万元，辅料费0.5万元，取得增值税发票，加工产品已经收回并入库尚未销售（消费税税率为20%，增值税税率为13%，成本利润率为10%，相关发票已经通过税务机关认证）。

要求：计算该公司本月应纳消费税和国内环节增值税。

四、综合题（本题型共2小题，共31分。要求列出计算步骤，每步骤运算得数精确到小数点后两位）

1. 某科技型中小企业，职工90人，资产总额2 800万元。2019年度生产经营业务如下：

（1）取得产品销售收入3 000万元、国债利息收入20万元；

（2）与产品销售收入配比的成本2 200万元；

（3）发生销售费用252万元、管理费用390万元（其中业务招待费用28万元、新产品研发费用120万元）；

（4）向非金融企业借款200万元，支付年利息费用18万元（注：金融企业同期同类借款年利息率为6%）；

（5）企业所得税前准许扣除的税金及附加32万元；

（6）10月购进符合《环境保护专用设备企业所得税优惠目录》的专用设备，取得增值税专用发票注明金额30万元、增值税进项税额4.8万元，该设备当月投入使用；

（7）计入成本、费用中的实发工资总额200万元、拨缴职工工会经费4万元、发生职工福利费35万元、发生职工教育经费21万元。

要求：计算该企业2019年度应纳的企业所得税。

2. 某商贸公司为增值税一般纳税人，兼营商品加工、批发、零售和进出口业务，税率为13%，2019年12月相关经营业务如下：

（1）进口化妆品一批，支付国外的买价300万元、由本公司负担的包装材料费用20万元、国外的经纪费4万元；支付运抵我国海关地前的运输费用20万元、装卸费用和保险费用6万元；支付海关地再运往商贸公司的运输费用8.72万元，取得增值税专用发票。

（2）受托加工化妆品一批，委托方提供的原材料不含税金额86万元，加工结束向委托方开具普通发票收取加工费和添加辅助材料的含税金额共计45.2万元，该化妆品商贸公司当地无同类产品市场价格。

（3）购买初级农产品一批，支付不含税价款20万元，运输费增值税发票注明含税价款1.09万元，当月将购回的农产品用于生产13%税率的产品。

（4）购进其他商品，取得增值税专用发票，支付价款200万元、增值税26万元，支付运输单位含税运输费用21.8万元（取得增值税专用发票），待货物验收入库时发现短缺商品金额10万元（占支付金额的5%），经查实应由运输单位赔偿。

（5）将进口化妆品的80%重新加工制作成套装化妆品，当月销售给其他商场并开具增值税专用发票，取得不含税销售额650万元；直接销售给消费者个人，开具普通发票，取得含税销售额67.8万元。

（6）销售除化妆品以外的其他商品，开具增值税专用发票，应收不含税销售额300万元，由于月末前可将全部货款收回，给所有购货方的销售折扣比例为5%，实际收到金额285万元。

（7）取得化妆品的逾期包装押金收入13.56万元。

（注：关税税率20%，化妆品消费税税率15%；当月购销各环节所涉及的票据符合税法规定，并可在当月抵扣）

要求：按下列顺序回答问题：

（1）分别计算该公司进口环节应缴纳的关税、消费税、增值税。

（2）计算该公司加工环节应代收代缴的消费税、城市维护建设税和教育费附加总和。

（3）计算该公司国内销售环节应缴纳的消费税总和。

（4）计算该公司国内销售环节实现的销项税额总和。

（5）计算该公司国内销售环节准予抵扣的进项税额总和。

（6）计算该公司国内销售环节应缴纳的增值税。

（7）计算该公司当月应缴纳的城市维护建设税和教育费附加总和。

2020年注册会计师全国统一考试
《税法》全真模拟试题（五）参考答案及解析

一、单项选择题

1. 答案：B

解析：目前我国税收体系中采用超率累计税率的税种是土地增值税。

2. 答案：A

解析：试点纳税人提供旅游服务，以取得的全部价款和价外费用，扣除向旅游服务购买方收取并支付给其他单位或者个人的住宿费、餐饮费、交通费、签证费、门票费和支付给其他接团旅游企业的旅游费用后的余额为销售额。长江旅行社当月收入额 = 180 - 20 - 30 - 1 - 8 = 121（万元）。

3. 答案：D

解析：一般纳税人购进货物或接受劳务，用于简易征收的，进项税额不可以抵扣，因此购进沙土用于2016年3月开工的项目，属于简易征收项目，取得发票进项税额30万元不得抵扣。餐饮业发票一律不得抵扣进项税额，因此出差途中产生的餐饮发票进项税额1万元不得抵扣。该房地产公司当月能抵扣的进项税额 = 60 - 30 - 1 = 29（万元）。

4. 答案：A

解析：以清包工方式提供的建筑服务可以采用简易计税方法。

5. 答案：C

解析：增值电信服务税率为6%；贷款服务税率为6%；销售干姜税率为9%；有形动产租赁为13%。

6. 答案：B

解析：按已缴税款每满1年扣减10%计算退税额，未满1年的全额退税。

7. 答案：C

解析：应纳税额 = 10 000 × 800 ÷ 50 ×（1 + 10%）× 20% = 35 200（元）。

8. 答案：A

解析：应退税额 = 300 × 600 × 10% = 18 000（元）。

9. 答案：A

解析：自建的房屋用于生产经营的，自建成之次月起，计征房产税；委托施工企业建设的房屋，从办理验收手续之次月起，计征房产税；自 2009 年 1 月 1 日起，纳税人因房产的实物或权利状态发生变化而依法终止房产税纳税义务的，其应纳税款的计算应截至房产的实物或权利状态发生变化的当月末；将原有房产用于生产经营的，从生产经营之月起，计征房产税。

10. 答案：A

解析：选项 A：股份制企业的股东大会、股东代表大会、董事会认为税务具体行政行为侵犯企业合法权益的，可以以企业名义申请行政复议。

11. 答案：C

解析：根据《海关法》规定，除法定减免税外的其他减免税均由国务院决定。

12. 答案：B

解析：本月应纳消费税 $=197\times30\%-8\div13\%\times30\%\times80\%=44.33$（万元）。

13. 答案：B

解析：政府机构自用办公房属于免征房产税的房产，但对出租房产，应以其租金收入计征房产税。应纳房产税 $=260\times12\%=31.2$（万元）。

14. 答案：B

解析：借款合同的计税依据为借款金额；对技术开发合同，只就合同所载的金额计税，研究开发经费不作为计税依据；货物运输合同的计税依据为取得的运输费金额，不包括货物的金额、装卸费、保险费等；实收资本减少，不存在退税或抵税的规定。该企业本年应缴纳印花税 $=2\,000\,000\times0.05‰+(2\,000\,000-800\,000)\times0.3‰+(65\,000-8\,000-4\,000)\times0.5‰=486.5$（元）。

15. 答案：B

解析：选项 A：铁矿石资源税减按 40% 征收资源税。选项 C：对依法在建筑物下、铁路下、水体下通过充填开采方式采出的矿产资源，资源税减征 50%。选项 D：纳税人开采销售共伴生矿，共伴生矿与主矿产品销售额分开核算的，对共伴生矿暂不计征资源税；没有分开核算的，共伴生矿按主矿产品的税目和适用税率计征资源税。

16. 答案：A

解析：企业发生非货币性资产交换，以及将货物、财产、劳务用于捐赠、偿债、赞助、集资、广告、样品、职工福利或者利润分配等用途的，应当视同销售货物、转让财产或者提供劳务。

17. 答案：D

解析：（1）全国人民代表大会及其常务委员会可以通过法律的形式设定各种行政处罚；（2）国务院可以通过行政法规的形式设定除限制人身自由以外的税务行政处罚；（3）国家税务总局可以通过规章的形式设定警告和罚款。

18. 答案：D

解析：现行税法规定，因不可抗力灭失住房而重新购买住房的，可以酌情减免，但不属于税法明文规定的免缴情形。同样，土地被县级以上人民政府征用、占用后，重新承受土地、房屋权属的，由省级人民政府确定是否减免，也不属于税法明文规定的免缴情形。

19. 答案：A

解析：选择能使本期成本最大化的计价方法可以降低盈利企业的所得税负担。一般来说，在税负高低不同的纳税年度选择时，收入应该尽量在亏损年度或低税率年度实现，支出或费用尽量在盈利年度或高税率年度确认；在税负保持不变的正常纳税年度选择时，收入应该尽量推迟实现，支出应该尽量提前确认。

20. 答案：D

解析：组成计税价格 = 关税完税价格 + 关税 + 消费税。

21. 答案：D

耕地占用税的纳税义务发生时间为纳税人收到自然资源主管部门办理占用耕地手续的书面通知的当日。纳税人应当自纳税义务发生之日起30日内申报缴纳耕地占用税。

22. 答案：A

解析：海关代征增值税适用于其他法律法规规定，农税征收机关征收契税由国务院另行规定，税务机关征收教育附加费由教育附加费条例和规章决定。

23. 答案：A

解析：企业发生的合理劳动保护支出，准予扣除；违约金、诉讼费属于规定准予扣除的其他项目；税收滞纳金属于不得扣除的项目。

24. 答案：D

解析：企业捆绑资产发生的损失，税法明确规定由企业总机构所在地税务机构审批扣除。

二、多项选择题

1. 答案：ABC

解析：在国际税收领域，各国行使征税权力所采取的原则不尽相同，因此各自所确立的税收管辖权范围和内容也有所不同。目前世界上的税收管辖权大致可以分为三类：居民管辖权、地域管辖权和公民管辖权。

2. 答案：ACD

解析：增值税一般纳税人销售或进口电，按照13%的税率计征增值税。

3. 答案：AC

解析：选项A，购进货物用于免税项目，因此不得抵扣进项税。选项C，购进货物用于集体福利，因此不得抵扣进项税。

4. 答案：BD

解析：现行税法规定，纳税人自产自用的应税消费品，用于连续生产应税消费品的，不纳税。

5. 答案：ABD

解析：不能重新取得合法、有效的专用发票，导致被依法追缴，不适用“按日加收滞纳税款万分之五的滞纳金”的规定。

6. 答案：AD

解析：城建税以“三税”税额之和为计税依据；纳税人违反“三税”有关规定而征收的滞纳金和罚款，不作城建税的计税依据。

7. 答案：AD

解析：选项B适用特惠税率，选项C适用协定税率。

8. 答案：BD

解析：下列情形，暂予免征环境保护税：（1）农业生产（不包括规模化养殖）排放应税污染物的；（2）机动车、铁路机车、非道路移动机械、船舶和航空器等流动污染源排放应税污染物的；（3）依法设立的城乡污水集中处理、生活垃圾集中处理场所排放相应应税污染物，不超过国家和地方规定的排放标准的；（4）纳税人综合利用的固体废物，符合国家和地方环境保护标准的。

9. 答案：ACD

解析：农村集体所有的土地不能自行转让，只有根据有关法律规定，由国家征用以后变为国家所有时，才能进行转让。

10. 答案：BCD

解析：现行税法规定，房屋的受赠人要按规定缴纳契税。

11. 答案：ABD

解析：产权出典的，由承典人纳税。

12. 答案：ABC

解析：企业已计入固定资产、无形资产等相关资产的手续费及佣金支出，应当通过折旧、摊销等方式分期扣除，不得在发生当期直接扣除。

13. 答案：AC

解析：税收保全措施是指税务机关对可能由于纳税人的行为或某种客观原因，致使以后税款的征收不能保证或难以保证的案件，采取限制纳税人处理或转移商品、货物或其他财产的措施。选项 B 和 D 属于税收强制执行措施，不属于税收保全措施。

14. 答案：AC

解析：税务机关派出的人员进行税务检查时，应当出示税务检查证和税务检查通知书。

三、计算问答题

1. 答案：

（1）当期内销货物的销项税额＝4 000 000×13%＝520 000（元）。

（2）免抵退税不得免征和抵扣税额的抵减额＝免税购进原材料价格×（出口货物征税率－出口货物退税率）＝2 460 000×(13%－10%)＝73 800（元）。

（3）当期购买原材料中部分用于基建工程，进项税额转出＝200 000×13%＝26 000（元）。

当期进项税额＝260 000－26 000＝234 000（元）。

（4）当期免抵退税不得免征和抵扣税额＝当期出口货物离岸价×外汇人民币牌价×（出口货物征税税率－出口货物退税税率）－免抵退税不得免征和抵扣税额的抵减额＝3 280 000×(13%－10%)－73 800＝24 600（元）。

（5）当期应纳税额＝当期销项税额－(当期进项税额－当期不得免征和抵扣税额)－上期留抵税额＝520 000－(234 000－24 600)－20 000＝290 600（元）。

（6）免抵退税额抵减额＝免税购进原材料价格×出口货物退税率＝2 460 000×10%＝246 000（元）。

（7）免抵退税额＝出口货物离岸价×外汇人民币牌价×出口货物退税率－免抵退税额

抵减额 $=3\ 280\ 000\times10\%-246\ 000=82\ 000$（元）。

2. 答案：

（1）进项税额 $=26\ 000+80\ 000\times10\%=34\ 000$（元）。

（2）销项税额 $=100\ 000\div(1+13\%)\times13\%+500\ 000\times13\%=76\ 504.42$（元）。

（3）应纳增值税 $=76\ 504.42-34\ 000-20\ 000=22\ 504.42$（元）。

3. 答案：

（1）母公司来自子公司的所得 $=600+4\ 000\times30\%\times600\div(4\ 000-4\ 000\times30\%)=857.14$（万元）。

（2）母公司应承担的子公司所得税 $=4\ 000\times30\%\times600\div(4\ 000-4\ 000\times30\%)=257.14$（万元）。

（3）间接抵免限额 $=857.14\times40\%=342.86$（万元）。

（4）由于母公司已经承担国外税额257.14万元，不足抵免限额，所以A国母公司应缴A国所得税 $=342.86-257.14=85.72$（万元）。

4. 答案：

（1）销售给商场应纳消费税 $=[100+1\div(1+13\%)]\times20\%=20.18$（万元）。

赠送新产品应纳消费税 $=3\times(1+10\%)\div(1-20\%)\times20\%=0.83$（万元）。

本月应交消费税 $=20.17+0.83=21$（万元）。

注意押金要先换算成不含税金额再计算消费税；新产品无同类价格，赠送视同销售计算消费税时需要试用组成计税价格；只生产应税消费品而尚未销售的不需要缴纳消费税；工业企业委托出口应税消费品免税不退税；委托其他企业价格的由受托企业代扣消费税。

（2）应缴增值税：$[100+1\div(1+13\%)]\times13\%+(3+3\times10\%+0.83)\times13\%-30\times13\%-3\times13\%-(2+0.5)\times13\%=9.04$（万元）。

增值税的组成计税价格 = 成本 + 利润 + 消费税。本题按要求不考虑出口环节的增值税。

四、综合题

1. 答案：

（1）会计利润总额 $=3\ 000+20-2\ 200-252-390-18-32=128$（万元）。

（2）国债利息收入免征企业所得税，应调减所得额20万元。

（3）业务招待费应调增所得额 $=28-15=13$（万元）。

$28\times60\%=16.8$（万元）$>3\ 000\times5‰=15$（万元）。

（4）新产品研发费用应调减所得额 $=120\times75\%=90$（万元）。

（5）利息费用支出应调增所得额 $=18-200\times6\%=6$（万元）。

（6）工会经费应调增所得额 $=4-200\times2\%=0$（万元）。

（7）职工福利费应调增所得额 $=35-200\times14\%=7$（万元）。

（8）职工教育经费应调增所得额 $=21-200\times8\%=5$（万元）。

（9）应纳税所得额 $=128-20+13-90+6+7+5=49$（万元）。

（10）该企业2019年度应缴企业所得税 $=49\times50\%\times20\%-30\times10\%=1.9$（万元）。

解析：工业企业从业人数不超过100人，资产总额不超过3 000万元的为小型微利企业。对年应纳税所得额低于50万元（含50万元）的小型微利企业，其所得减按50%计入应纳税所得额，按20%的税率缴纳企业所得税。科技型中小企业开展研发活动中实际发生的研发费用未形成无形资产计入当期损益的，在按规定据实扣除的基础上，再按照实际发生额的75%在税前加计扣除；形成无形资产的，在上述期间按照无形资产成本的175%在税前摊销。符合《环境保护专用设备企业所得税优惠目录》的专用设备，该专用设备的投资额的10%可以从企业当年的应纳税额中抵免；当年不足抵免的，可以在以后5个纳税年度结转抵免。

2. 答案：

（1）①组成关税价格 = 300 + 20 + 4 + 20 + 6 = 350（万元），进口环节应缴纳关税 = 350 × 20% = 70（万元）；②增值税组成计税价格 = (350 + 70) ÷ (1 − 15%) = 494.12（万元），进口环节应缴纳消费税 = 494.12 × 15% = 74.12（万元）；③进口环节应缴纳增值税 = 494.12 × 13% = 64.24（万元）。

（2）加工环节应代收代缴消费税、城市维护建设税和教育费附加 = [86 + 45.2 ÷ (1 + 13%)] ÷ (1 − 15%) × 15% × (1 + 7% + 3% + 2%) = 24.9（万元）。

（3）国内销售环节应缴纳消费税 = [650 + 67.8 ÷ (1 + 13%) + 13.56 ÷ (1 + 13%)] × 15% − 74.12 × 80% = 108.3 − 59.3 = 49（万元）。

（4）国内销售环节实现的销项税额 = [45.2 ÷ (1 + 13%) + 650 + 67.8 ÷ (1 + 13%) + 300 + 13.56 ÷ (1 + 13%)] × 13% = 138.06（万元）。

（5）国内销售环节准予抵扣的进项税额 = 64.24 + 8.72 ÷ (1 + 9%) × 9% + [20 × 10% + 1.09 ÷ (1 + 9%) × 9%] + [26 + 21.8 ÷ (1 + 9%) × 9%] × (1 − 5%) = 93.46（万元）。

（6）国内销售环节应缴纳的增值税 = 138.06 − 93.46 = 44.6（万元）。

（7）公司当月应缴纳城市维护建设税和教育费附加 = (49 + 44.6) × (7% + 3% + 2%) = 11.23（万元）。

2020年注册会计师全国统一考试《税法》全真模拟试题（六）

一、单项选择题（本题型共24题，每题1分，共24分。每题只有一个正确答案，请从每题的备选答案中选出一个你认为正确的答案）

1. 下面（　　）原则，是为了确保国家课税权的实现，不因争议的发生而影响税款的及时、足额入库。

A. 新法优于旧法原则　　B. 法律优位原则

C. 实体从旧、程序从新原则　　D. 程序优于实体原则

2. 下列税收收入中，不属于地方政府固定收入的是（　　）。

A. 土地增值税　　B. 车船税

C. 增值税　　D. 城镇土地使用税

3. 下列各项中，属于视同销售货物行为应该征收增值税的是（　　）。

A. 本单位的员工为本单位修理汽车　　B. 将自产的货物用于换取生产资料

C. 某商场将外购的床单用于内部招待所　　D. 将外购货物用于对外无偿赠送

4. 下面货物中，不征收消费税的是（　　）。

A. 香水精　　B. 润滑油

C. 体育用鞭炮药引线　　D. 柴油

5. 下列货物中，不缴纳消费税的是（　　）。

A. 成套化妆品

B. 影视演员化妆用的上妆油和卸妆油

C. 每标准条价格低于70元的卷烟

D. 以发酵酒为酒基，酒精度低于10度的配制酒

6. 下列关于增值税相关政策的陈述，不正确的是（　　）。

A. 纳税人销售货物、提供应税行为适用不同税率或征收率，未分别核算的，从高适用税率

B. 小规模纳税人销售自建不动产适用5%的征收率

C. 养鸡设备的税率为13%

D. 纳税人发生应税行为，将价款和折扣额在同一张发票上分别注明的，以折扣后的价

款为销售额

7. 以下关于发票开具的规定，符合现行政策规定的是（　　）。

A. 小规模纳税人转让其取得的不动产，不能自行开具增值税发票的，向机构所在地主管税务机关申请代开

B. 纳税人向其他个人转让其取得的不动产，不得自行开具增值税专用发票，但可以申请代开增值税专用发票

C. 其他个人出租不动产，可向居住地主管税务机关申请代开增值税专用发票

D. 纳税人向其他个人出租不动产，不得开具或申请代开增值税专用发票

8. 某生产企业为增值税一般纳税人，2019 年 10 月对部分资产盘点后进行处理：销售边角废料，取得含税收入 82 400 元；销售 2015 年 2 月购入的小汽车 1 辆，取得含税收入 72 100 元；销售 2009 年进口的生产设备一台，取得含税收入 120 000 元。假设企业当月无可抵扣的进项税额，以下关于企业上述业务的增值税处理，正确的是（　　）。

A. 销售边角废料应缴纳增值税 9 479. 65 元

B. 销售小汽车应缴纳增值税 12 257. 00 元

C. 销售生产设备应缴纳增值税 2 307. 69 元

D. 企业上述业务共计应缴纳增值税 4 446. 93 元

9. 某酒厂为增值税一般纳税人，主要生产粮食白酒和甲类啤酒。2019 年“主营业务收入”账户反映销售粮食白酒 50 000 斤，取得不含税销售额 105 000 元；销售甲类啤酒 150 吨，每吨不含税售价 3 200 元。“其他业务收入”账户反映收取粮食白酒品牌使用费 4 520 元，销售啤酒每吨收取包装物租金 232 元；“其他应付款”账户反映本月销售粮食白酒收取包装物押金 9 040 元，销售啤酒收取包装物押金 1 130 元。2019 年 12 月，该酒厂将销售粮食白酒的包装物押金中的 3 480 元返还给购货方，其余包装物押金不再返还。该酒厂 2019 年应纳消费税税额（　　）元。

A. 86 250　　B. 85 900　　C. 92 250　　D. 96 920

10. 海关在以相同货物成交价格方法确定关税完税价格时，如果有多个相同或类似货物的成交价格，则进口货物完税价格的估定基础是（　　）。

A. 最低成交价格　　B. 最高成交价格

C. 简单平均成交价格　　D. 加权平均成交价格

11. 未在资源税税目税率幅度表中列举名称的纳税人生产的划分资源等级的应税产品，其资源税适用税额的核定单位是（　　）。

A. 省级国家税务局　　B. 省级地方税务局

C. 省级财政部门　　D. 省级人民政府

12. 根据资源税法律制度的规定，下列各项中不属于资源税征税范围的是（　　）。

A. 与原油同时开采的天然气　　B. 进口原煤

C. 开采的天然原油　　D. 生产的海盐原盐

13. 下列各项行为中，需要按照有关规定缴纳城市维护建设税的是（　　）。

A. 国有企业购置房地产　　B. 个体工商户转让经营用房

C. 外商投资企业购买非专利技术　　D. 进口小汽车

14. 下列说法不符合关税税率规定的是（　　）。

A. 进口关税的暂定税率优先适用于最惠国税率

B. 对农药原药和中间体、乐器及生产设备实行关税配额税率

C. 按普通税率征税的进口货物不适用暂定税率

D. 协定税率由国务院关税税则委员会决定

15. 税务行政处罚听证的范围是对公民作出（　　）元以上，或者对法人或其他组织作出（　　）元以上罚款的案件。

A. 1 000，10 000　　B. 2 000，10 000　　C. 1 000，20 000　　D. 2 000，20 000

16. 下列各项中，可以不计入企业当期应纳税所得额的收入是（　　）。

A. 企业买一赠一方式赠送的赠机

B. 企业直接投资于居民企业取得的投资收益

C. 企业将产品用于职工奖励

D. 企业将产品用于对外投资

17. 某外籍净吨位 3 000 吨的一艘轮船，驶入上海港停留 30 天，适用吨税税额为 2.5 元/吨，则应缴纳船舶吨税为（　　）元。

A. 75　　B. 7 500　　C. 90 000　　D. 90

18. 在物价持续下跌的情况下，存货计价方法采用先进先出法时税收负担会（　　）。

A. 降低　　B. 提高　　C. 降低或提高　　D. 不会发生变化

19. 下面表述中，对耕地占用税的理解不正确的是（　　）。

A. 在占用耕地环节一次性课征　　B. 采用了地区差别定额税率

C. 飞机场跑道可享受减征优惠　　D. 农村居民占用耕地新建住宅，免税

20. 下列各项中，按照有关规定不能免征个人所得税的是（　　）。

A. 个人领取原提存的住房公积金　　B. 个人取得的教育储蓄存款利息所得

C. 烈属的所得　　D. 军人的转业费

21. 下列各项中，不符合印花税有关违章处罚规定的是（　　）。

A. 已贴印花税票，揭下重用造成未交或少交印花税构成犯罪的，依法追究刑事责任

B. 在应税凭证上未贴少贴印花税票，处以未贴少贴金额 3 倍至 5 倍的罚款

C. 伪造印花税票的，由税务机关责令改正，处以 2 000 元以上 1 万元以下的罚款

D. 伪造印花税票情节严重的，处以 1 万元以上 5 万元以下的罚款；构成犯罪的，依法追究刑事责任

22. 纳税人购买自用的应税车辆，自购买之日起（　　）日内申报纳税，自产、受赠、获奖和其他方式取得并自用的应税车辆，应当自取得之日起（　　）日内申报纳税。

A. 60，30　　B. 90，60　　C. 30，30　　D. 60，60

23. 税务机关作出的下列（　　）行为属于税务行政复议前置的范围。

A. 征收税款和加收滞纳金　　B. 税收保全措施

C. 没收财物和违法所得　　D. 通知出境管理机关阻止出境

24. 某烟厂受托加工一批烟丝，烟丝由委托方提供，委托方支付加工费 8 000 元，消费税由（　　）缴纳。

A. 烟厂　　B. 委托方自行申报缴纳

C. 烟厂代收代缴　　D. 委托方代扣代缴

二、多项选择题（本题型共14题，每题1.5分，共21分。每题均有多个正确答案，请从每题的备选答案中选出你认为正确的答案，所有答案选择正确的得分；不答、错答、漏答均不得分）

1. 根据《税收征收管理法》相关规定，税务行政处罚的种类应当有（　　）。

A. 警告　　B. 罚款

C. 停止出口退税权　　D. 没收违法所得

2. 下列属于增值税征税范围的有（　　）。

A. 纳税人为客户办理退票而向客户收取的退票费、手续费等收入

B. 银行销售金银的业务

C. 融资性售后回租业务中，承租方出售资产的行为

D. 航空运输企业已售票但未提供航空运输服务取得的逾期票证收入

3. 下列属于按差额计征增值税的有（　　）。

A. 转让金融商品　　B. 融资租赁和融资性售后回租

C. 经纪代理服务　　D. 人力资源公司提供劳务派遣服务

4. 下面关于消费税计税依据的特殊规定，表述正确的有（　　）。

A. 纳税人用于换取生产资料和消费资料，应当以纳税人同类应税消费品的最高销售价格作为计税依据计算消费税

B. 金银首饰连同包装物销售的，不论包装是否单独计价，也不论会计上如何核算，均应并入金银首饰的销售额，计征消费税

C. 纳税人采用以旧换新方式销售的金银首饰，应按实际收取的全部价款确定计税依据征收消费税

D. 白酒生产企业向商业销售单位收取的“品牌使用费”是随着应税白酒的销售而向购货单位收取的，属于应税白酒销售价款的组成部分，应并入白酒的销售额中缴纳消费税

5. 下列各项中，属于税法规定可以减免关税的有（　　）。

A. 关税税额在人民币50元以下的一票货物

B. 无商业价值的广告品和货样

C. 外国政府、国际组织无偿赠送的物资

D. 进出境运输工具装载的途中必需的燃料、物料和饮食用品

6. 下列单位销售的矿产品中，应该按规定从价定率计征缴纳资源税的有（　　）。

A. 采煤企业销售的原煤　　B. 稀土

C. 钼　　D. 原油

7.《进出口关税条例》规定，有下列（　　）情形之一的，进出口货物的收发货人或者他们的代理人可以在1年内向海关申请退税。

A. 因海关误征，多纳税款的

B. 海关核准免验进口的货物，在完税后，发现有短缺情况，经海关审查认可的

C. 起卸后海关放行前，因不可抗力遭受损坏或者损失的

D. 海关查验时已经破漏、损坏或者腐烂，经证明不是保管不慎造成的

8. 下列属于车辆购置税的应税行为的有（　　）。

A. 受赠使用行为　　B. 进口使用行为

C. 购买取得并使用的行为　　D. 获奖取得并使用的行为

9. 下列项目中在会计利润的基础上应调减企业所得税应纳税所得额的项目有（　　）。

A. 查补的消费税

B. 新产品研究开发费用

C. 国库券利息收入

D. 房屋、建筑物以外未投入使用的固定资产提取的折旧

10. 下列各项中，有关城镇土地使用税减免的表述不正确的有（　　）。

A. 对非营利性医疗机构自用土地免征土地使用税

B. 纳税单位无偿使用免税单位的土地，纳税单位应照章缴纳城镇土地使用税

C. 经批准开山填海整治的土地和改造的废弃土地，从使用的次月起免缴土地使用税5年至10年

D. 企业办的学校、医院、托儿所、幼儿园，一律免征城镇土地使用税

11. 下列各项中，应该列入房地产开发成本的有（　　）。

A. 土地出让金　　B. 土地征用费

C. 公共配套设施费　　D. 管理费用

12. 企业发生的与生产经营有关的手续费及佣金支出，不超过以下（　　）规定计算限额以内的部分，准予扣除；超过部分，不得扣除。

A. 财产保险企业按当年全部保费收入扣除退保金等余额后的15%

B. 人身保险企业按当年全部保费收入扣除退保金等余额后的15%

C. 其他企业与具有合法经营中介服务机构或个人所签订服务协议或合同确认的收入金额的10%

D. 电信企业在发展客户、拓展业务等过程中，需向经纪人、代办商支付手续费及佣金的，其实际发生的相关手续费及佣金支出，不超过企业当年收入的5%的部分

13. 企业所得税法所称的关联方是指与企业有下列关联关系之一的企业、其他组织或者个人（　　）。

A. 在资金、经营、购销等方面存在直接或间接控制关系

B. 直接或者间接同为第三方控制

C. 在利益上具有相关联的其他关系

D. 直属企业

14. 下列属于个人所得税专项附加扣除的有（　　）。

A. 子女教育　　B. 继续教育

C. 大病医疗　　D. 住房租金

三、计算问答题（本题型共4小题，每小题6分，共24分。要求列出计算步骤，每步骤运算得数精确到小数点后两位）

1. 我国居民企业甲在境外进行了投资，相关投资架构及持股比例如下图所示：

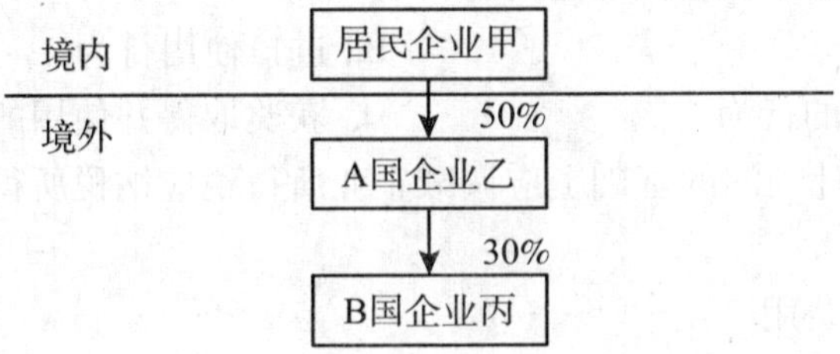

2019年经营及分配状况如下：

（1）B国企业所得税税率为30%，预提所得税税率为12%，丙企业应纳税所得总额800万元，丙企业将部分税后利润按持股比例进行了分配。

（2）A国企业所得税税率为20%，预提所得税税率为10%，乙企业应纳税所得总额（该应纳税所得总额已包含投资收益还原计算的间接税款）1 000万元，其中来自丙企业的投资收益100万元，按照12%的税率缴纳B国预提所得税12万元；乙企业在A国享受税收抵免后实际缴纳税款180万元，乙企业将全部税后利润按持股比例进行了分配。

（3）居民企业甲适用的企业所得税税率为25%，其来自境内的应纳税所得额为2 400万元。

要求：根据上述资料，按照下列序号回答问题，如有计算需计算出合计数。

（1）简述居民企业可适用境外所得税收抵免的税额范围。

（2）判断企业丙分回企业甲的投资收益能否适用间接抵免优惠政策并说明理由。

（3）判断企业乙分回企业甲的投资收益能否适用间接抵免优惠政策并说明理由。

（4）计算企业乙所纳税额属于由企业甲负担的税额。

（5）计算企业甲取得来源于企业乙投资收益的抵免限额。

（6）计算企业甲取得来源于企业乙投资收益的实际抵免额。

2. A公司为商品批发零售企业，为增值税一般纳税人。2019年9月，A公司的有关经济业务如下：

（1）购入商品一批，不含税价为600万元，增值税专用发票注明税款为78万元，款项已支付，有关单据可以在当月抵扣；

（2）将本月购进的10个手机赠送某常年客户。此款手机账面的不含税单位售价为3 000元，单位不含税采购价格为2 000元；

（3）因经营管理不善造成展示的上月购入的20台电视机被盗。该款电视机的单位购进成本为6 000元（有关增值税已经记入进项税额）；

（4）本月购买一批装饰材料，用于装修销售大厅。增值税专用发票上注明的货款为300 000元，税款为39 000元；

（5）本月开出的普通发票上注明的销售金额合计为1 130万元。

公司本期计算申报的增值税额为：

进项税额 $=78+0.2\times10\times13\%+3.9=82.16$（万元）；

销项税额 $=1\ 130\times13\%=146.9$（万元）；

应交增值税 $=146.9-82.16=64.74$（万元）。

要求：指出该公司在计算本月应交增值税中的错误，并计算A公司本月实际应该缴纳的增值税。

3. 王某于2019年8月购买一幢商品房，价值120万元，当月用自己的一所价值30万元的房屋偿还了欠李某的账款。本月王某从赵某处租入一处底商用于商品零售，此处房屋价值100万元，月租金为3 000元。假定契税税率为5%，计算王某当月应缴纳的契税。

4. 中国籍演员刘某供职于甲歌舞团，2019年5月收入情况如下：

（1）自行参加由乙单位组织的商业演出，协议出场费60 000元，税款由刘某自己负担；

（2）出版著作一本，获取稿酬所得15 000元；

（3）应约为某电视剧主题曲和插曲审稿，获得报酬22 000元；

（4）将自有小汽车出租，该汽车是2017年购买。本月租金收入3 000元（除增值税以外，不考虑其他税费）。

已知：上述各项收入均由该演员自行申报纳税。

要求：根据上述资料，计算并回答下列问题：

（1）计算刘某当月“劳务报酬所得”项目应预扣预缴的个人所得税。

（2）计算刘某当月“稿酬所得”项目应预扣预缴的个人所得税。

（3）计算刘某当月“财产租赁所得”项目应纳的个人所得税。

四、综合题（本题型共2小题，共31分。要求列出计算步骤，每步骤运算得数精确到小数点后两位）

1. 张某系从事运输的个体工商户，账证健全，2019年12月取得经营收入为320 000元，准许扣除的当月成本、费用（不含业主工资）及相关税金共计250 600元。2019年1～11月累计应纳税所得额88 400元（未扣除业主费用减除标准），1～11月累计已预缴个人所得税10 200元。除经营所得外，业主本人没有其他收入，且张某2019年全年均享受赡养老人一项专项附加扣除（张某系独生子）。不考虑专项扣除和符合税法规定的其他扣除，请计算：

（1）张某全年应纳税所得额。

（2）张某全年应缴纳个人所得税额。

（3）张某2019年度应申请的个人所得税退税额。

（4）张某应如何申报2019年全年的个人所得税。

2. 工业生产企业甲公司为一般纳税人，具有出口经营权，出口货物实行“免、抵、退”的计算办法。2020年1月留抵增值税0.3万元，2月和3月发生以下业务：

2月：①在国内赊购一批原材料，已办理好入库手续，取得防伪税控系统增值税专用发票，注明价款30万元，增值税3.9万元。②进口原材料一批，海关认可的到岸价为10万澳元，汇率1：7.45，关税税率20%，海关已放行。③当期内销货物销售额（不含税）60万元人民币，另外发出商品一批，合同规定发出之日60天付款结账，合同货物总金额30万元。④出口一批货物离岸价10万美元，汇率1美元=7.27元人民币。

3月：①一般贸易进口原材料一批，海关认可的到岸价为6万澳元，汇率1：7.45，关税税率20%，海关已放行并取得海关完税凭证。②支付进口货物的国内运输费用，取得符合规定的增值税专用发票，价税合计4.142万元。③将2019年直接从农民手中购入的准备投入生产的农业产品发给职工，当时收购金额为8.7万元。④当期内销货物50万元人民币

（不含税），出口货物离岸价 7 万美元，汇率 1 美元 = 7.28 元人民币（该企业出口退税率 10%，内销货物增值税税率 13%，本月所取得的有关发票均可在当月申报抵扣）。

要求：根据以上资料，按以下顺序回答问题：

（1）计算 2 月应纳增值税或出口退税税额。

（2）计算 3 月应纳增值税或出口退税税额。

2020年注册会计师全国统一考试
《税法》全真模拟试题（六）参考答案及解析

一、单项选择题

1. 答案：D

解析：程序优于实体原则，是为了确保国家课税权的实现，不因争议的发生而影响税款的及时、足额入库。

2. 答案：C

解析：增值税（不含进口环节由海关代征的部分）：中央政府分享50%，地方政府分享50%。土地增值税、车船税、城镇土地使用税属于地方税。

3. 答案：D

解析：单位或个体经营者聘用的员工为本单位或雇主提供加工、修理修配劳务不属于增值税征税范围，所以选项A不正确；自产货物用于换取生产资料，属于增值税的特殊销售行为，不是增值税的视同销售行为，所以选项B不正确；外购货物用于非应税项目的，不属于增值税视同销售行为，所以选项C不正确。

4. 答案：C

解析：体育上用的发令纸、鞭炮药引线，不缴纳消费税。

5. 答案：B

解析：选项B不用缴纳消费税。

6. 答案：C

解析：养鸡设备属于农机，适用的增值税税率为9%。

7. 答案：D

解析：选项A，小规模纳税人转让其取得的不动产，不能自行开具增值税发票的，向不动产所在地主管税务机关申请代开。选项B，纳税人向其他个人转让其取得的不动产，不得开具或申请代开增值税专用发票。选项C，其他个人出租不动产，可向不动产所在地主管税务机关申请代开增值税发票。

8. 答案：A

解析：（1）销售边角废料应纳增值税 = 82 400 ÷（1 + 13%）× 13% = 9 479.65（元）；（2）一般纳税人销售自己使用过的小汽车按照适用税率征收增值税，应纳增值税 = 72 100 ÷

$(1+13\%)\times13\%=8\ 294.69$（元）；（3）销售生产设备应纳增值税 $=120\ 000\div(1+13\%)\times13\%=13\ 805.30$（元）；（4）企业上述业务共计应缴纳增值税 $=9\ 479.65+8\ 294.69+13\ 805.30=31\ 579.64$（元）。

9. 答案：B

解析：粮食白酒品牌使用费、包装物租金，属于价外费用，应并入白酒的销售额计算消费税；粮食白酒的包装物押金收取时即并入销售额征收消费税，无论是否退还；啤酒消费税从量征收，其包装物租金、包装物押金与消费税计税依据没有关系。该酒厂粮食白酒应纳消费税 $=50\ 000\times0.5+[105\ 000+(4\ 520+9\ 040)\div(1+13\%)]\times20\%=25\ 000+23\ 400=48\ 400$（元）。甲类啤酒适用税额为 250 元/吨，因此该酒厂啤酒应纳消费税 $=150\times250=37\ 500$（元），该酒厂 2019 年应纳消费税税额 $=48\ 400+37\ 500=85\ 900$（元）。

10. 答案：A

解析：如果有多个相同或类似货物的成交价格，应当以最低的成交价格为基础，估定进口货物的完税价格。

11. 答案：D

解析：未在资源税税目税率幅度表中列举名称的纳税人生产的划分资源等级的应税产品，其资源税适用税额由省级人民政府核定。

12. 答案：B

解析：进口矿产品不征收资源税。

13. 答案：B

解析：购置房地产须缴纳契税，无须缴纳城市维护建设税；外商投资企业购买非专利技术不缴税；由海关代征的消费税和增值税不计算缴纳城市维护建设税。

14. 答案：B

解析：对农药原药和中间体、乐器及生产设备实行暂定税率；对部分农产品和化肥产品实行关税配额税率。

15. 答案：B

解析：税务行政处罚听证的范围是对公民作出 2 000 元以上，或者对法人或其他组织作出 10 000 元以上罚款的案件。

16. 答案：B

解析：现行税法规定，符合条件的居民企业之间的股息、红利等权益性收益，不计征企业所得税。

17. 答案：B

解析：应纳船舶吨税 $=3\ 000\times2.5=7\ 500$（元）。

18. 答案：A

解析：在物价持续下跌的情况下，采用先进先出法税负会降低。

19. 答案：D

解析：农村居民占用耕地新建住宅，按照当地适用税额减半征收耕地占用税。

20. 答案：C

解析：烈属的所得，经批准后可以减征。

21. 答案：B

解析：在应纳税凭证上未贴或少贴印花税票的或者已粘贴在应税凭证上的印花税票未注销或者未划销的，由税务机关追缴其不缴或者少缴的税款、滞纳金，并处不缴或者少缴的税款50%以上5倍以下的罚款。

22. 答案：D

解析：都是60日。

23. 答案：A

解析：选项B、C、D属于选择复议的范围，可以申请行政复议，也可以向人民法院提起诉讼。

24. 答案：C

解析：按照规定委托加工的应税消费品，由受托方在向委托方交货时代收代缴税款。

二、多项选择题

1. 答案：AB

解析：选项C和D属于纳税信用评价指标体系中的外部信息。

2. 答案：ABD

解析：纳税人为客户办理退票而向客户收取的退票费、手续费等收入按照“其他现代服务”缴纳增值税；融资性售后回租业务中，承租方出售资产的行为不属于增值税的征税范围，不征收增值税；航空运输企业已售票但未提供航空运输服务取得的逾期票证收入，按照航空运输服务征收增值税。

3. 答案：ABCD

4. 答案：ABD

解析：纳税人用于“换、投、抵”的，计算消费税是以纳税人同类应税消费品的最高销售价格为计税依据，计算增值税是以纳税人最近时期同类货物的平均销售价格为计税依据。纳税人采用以旧换新方式销售的金银首饰，应按实际收取的不含增值税的全部价款确定计税依据征收消费税。

5. 答案：ABCD

解析：法定减免税是税法中明确列出的减税或者免税。符合税法规定可予减免税的进出口货物，纳税义务人无须提出申请，海关可按规定直接予以减免税。主要包括：关税税额在人民币50元以下的一票货物；无商业价值的广告品和货样；外国政府、国际组织无偿赠送的物资；进出境运输工具装载的途中必需的燃料、物料和饮食用品；海关放行前损失的货物等。

6. 答案：ABCD

解析：原煤、稀土、钨、钼均为从价定率计征。

7. 答案：AB

解析：选项C、D属于减免税。

8. 答案：ABCD

解析：除上述行为还包括自产自用行为以及拍卖、走私罚没等方式取得并使用的行为，这些都属于应税行为。

9. 答案：ABC

解析：选项A查补的消费税可以在税前扣除；选项B新产品研究开发费用在所得税前

可以加计扣除；选项C国库券利息收入免税；而选项D房屋、建筑物以外未投入使用的固定资产不得计提折旧，对于其计提的折旧不得在税前扣除，应调增应纳税所得额。

10. 答案：CD

解析：经批准开山填海整治的土地和改造的废弃土地，从使用的月份起免缴土地使用税5年至10年；企业办的学校、医院、托儿所、幼儿园，其用地能与企业其他用地明确区分的，免征城镇土地使用税。

11. 答案：BC

解析：土地出让金是取得土地使用权所支付的金额；房地产开发成本包括土地征用及拆迁补偿费，前期工程费，建筑安装工程费，基础设施费，公共配套设施费及开发间接费用。管理费用属于房地产开发费用。

12. 答案：AD

解析：人身保险企业按当年全部保费收入扣除退保金等余额后的10%的部分计算限额，可以扣除。其他企业与具有合法经营中介服务机构或个人所签订服务协议或合同确认的收入金额的5%计算限额，可以扣除。

13. 答案：ABC

解析：关联方是指与企业有下列关联关系之一的企业、其他组织或者个人；在资金、经营、购销等方面存在直接或者间接的控制关系；直接或者间接地同为第三者控制；在利益上具有相关联的其他关系。

14. 答案：ABCD

三、计算问答题

1. 答案：

（1）居民企业可以就其取得的境外所得直接缴纳和间接负担的境外企业所得税性质的税额进行抵免。

（2）企业丙不能适用间接抵免优惠政策，由于企业甲对于企业丙的持股比例为15%（50%×30%），未达到20%的要求。

（3）企业乙可以适用间接抵免优惠政策，由于企业甲对于企业乙的持股比例为50%，达到了20%的要求。

（4）由甲企业负担的税额＝(180＋12＋0)×50%＝96（万元）。

（5）企业甲应纳税总额＝[2 400＋(1 000－180－12)×50%＋96]×25%＝[2 400＋500]×25%＝725（万元）。

抵免限额＝725×500÷2 900＝125（万元）。

或者，直接计算：[(1 000－180－12)×50%＋96]×25%＝125（万元）。

（6）可抵免境外税额＝96＋(1 000－180－12)×50%×10%＝136.4（万元）。

136.4＞125，实际抵免额为125万元。

2. 答案：

业务（2）外购手机赠送客户应视同销售。

销项税额增加＝3 000×10×13%＝3 900（元）。

业务（3）管理不善造成被盗的非正常损失，应将其确认为进项税额转出。

进项税额转出 =20 ×6 000 ×13% =15 600（元）。

业务(4)装饰材料用于非应税项目，不能抵扣其进项税额 39 000 元。

业务(5)销项税额在计算时应该扣除增值税销项税额。

开出的普通发票应纳销项税额 =1 130 ÷(1 +13%) ×13% =130（万元）。

本期销项税额合计 =130 +0. 39 =130. 39（万元）。

本期进项税额合计 =78 +0. 2 ×10 ×0. 13 -1. 56 =76. 7（万元）。

本期应交增值税 =130. 39 -76. 7 =53. 69（万元）。

3. 答案：

（1）购入商品房应缴纳契税 =120 ×5% =6（万元）。

（2）用自有房屋偿债由承受人纳税，王某不纳契税。

（3）租入房屋不涉及产权转移，不用缴纳契税。

因此，王某当月共应缴纳契税 6 万元。

4. 答案：

（1）“劳务报酬所得”项目应预扣预缴的个人所得税 =60 000 ×(1 -20%) ×30% -2 000 +22 000 ×(1 -20%) ×20% =12 400 +3 520 =15 920（元）。

（2）“稿酬所得”项目应预扣预缴的个人所得税 =15 000 ×(1 -20%) ×20% ×(1 -30%) =1 680（元）。

（3）“财产租赁所得”项目应纳个人所得税：

当月应纳增值税额 =3 000 ×3% =90（元）；

当月应纳个人所得税 =(3 000 -90 -800) ×20% =422（元）。

解析：刘某自行参加由乙单位组织的商业演出取得的出场费以及应约为某电视剧创作主题曲，获得的报酬均属于“劳务报酬所得”项目，分别计征；出版著作获取的稿酬所得计算的应纳税款可以减征 30%。

四、综合题

1. 答案：

（1）张某全年应纳税所得额 =320 000 -250 600 +88 400 -60 000 -24 000 =73 800（元）。

（2）张某全年应缴纳个人所得税额 =73 800 ×10% -1 500 =5 880（元）。

（3）张某 2019 年度应申请的个人所得税退税额 =10 200 -5 880 =4 320（元）。

（4）张某取得经营所得，按年计算个人所得税，由纳税人在月度或季度终了后 15 日内，向经营管理所在地主管税务机关办理预缴纳税申报；在取得所得的次年 3 月 31 日前，向经营管理所在地主管税务机关办理汇算清缴。因此，按照税收法律、法规和文件规定，先计算全年应纳税所得额，再计算全年应纳税额，并根据全年应纳税额和当年已预缴税额计算出当年度应补（退）税额。

2. 答案：

2 月：

（1）销项税额的计算：

①内销收入销项税 =60 ×13% =7. 8（万元）。

②赊销商品未到合同规定期限，不计算销项税。

③出口货物销售额 = 10 × 7.27 = 72.7（万元）。

出口货物免增值税。

（2）进项税额的计算：

①购入国内原材料的进项税 3.9 万元可抵扣。

②一般贸易进口原材料，海关征收关税及代征增值税，取得海关完税凭证：

组成计税价格 = 10 × 7.45 ×（1 + 20%）= 89.4（万元）。

增值税额 = 89.4 × 13% = 11.622（万元）。

③出口货物不可免征和抵扣税额 = 72.7 ×（13% − 10%）= 2.181（万元）。

④当月应纳增值税 = 7.8 −（3.9 + 11.622 − 2.181 + 0.3）= −5.841（万元）。

当期出口货物免抵退税额 = 72.7 × 10% = 7.27（万元），那么当月应退增值税额 5.841 万元，当月免抵税额 = 7.27 − 5.841 = 1.429（万元）。

3 月：

（1）销项税额的计算：

①内销收入销项税 = 50 × 13% = 6.5（万元）。

②出口货物销售额 = 7 × 7.28 = 50.96（万元）。

外销收入免增值税。

（2）进项税额的计算：

①进口货物，可抵扣进项税额 = 6 × 7.45 ×（1 + 20%）× 13% = 6.97（万元）。

②进口货物，境内运费可计算抵扣的进项税额 = 4.142 ÷（1 + 9%）× 9% = 0.342（万元）。

③将 2019 年从农民手中购入的农产品发给职工，作当期进项税转出：

8.7 × 10% = 0.87（万元）。

④出口货物不可免征和抵扣税额 = 7 × 7.28 ×（13% − 10%）= 1.53（万元）。

⑤当月应纳增值税 = 6.5 −（6.97 + 0.342 − 0.87 − 1.53）= 1.588（万元）。

2020年注册会计师全国统一考试
《税法》全真模拟试题（七）

一、单项选择题（本题型共24题，每题1分，共24分。每题只有一个正确答案，请从每题的备选答案中选出一个你认为正确的答案）

1.（　　）是指纳税人通过个人或企业事务的人为安排，利用税法的漏洞、特例和缺陷，规避、减轻或延迟其纳税义务的行为。

A. 避税　　B. 偷税　　C. 骗税　　D. 抗税

2. 某从事货物零售业务的小规模商业企业本月采用“买一赠一”的方式促销服装。该商场本月销售服装1 000套，每套销售价格为300元，同时赠送丝巾100条，每条丝巾的零售价格为50元，则该商场本月此项业务应缴纳的增值税额是（　　）元（假设该商场该季度销售额超过30万元）。

A. 11 538　　B. 8 883.5

C. 16 981　　D. 17 264

3. 下面货物中，进口环节不征收消费税改由零售环节征收的是（　　）。

A. 金镶钻首饰　　B. 红宝石

C. 高档化妆品　　D. 石脑油

4. 下列关于出口货物、劳务等应税行为退免税增值税的规定描述不正确的是（　　）。

A. 出口免税是指对货物、劳务和跨境应税行为在出口销售环节免征增值税

B. 出口退税是指对货物、劳务和跨境应税行为在出口前实际承担的税收负担，按规定的退税率计算后予以退还

C. 出口免税不退税是指适用这个政策的出口货物、劳务和跨境应税行为免税，但不退还前一道生产、销售环节或进口环节所缴纳的增值税

D. 出口不免税也不退税是指在出口环节视同内销照常征税，在出口环节也不退还出口前其所负担的税款

5. 某企业进口一批货物，买价为300 000元，运费为20 000元，假设关税税率为20%，那么该批货物进口应缴纳的关税为（　　）元。

A. 60 000　　B. 64 000

C. 64 192　　D. 64 640

6. 某酒厂9月销售粮食白酒12 000斤，售价为5元/斤，随同销售的包装物价格为6 200元；本月销售礼品盒6 000套，售价为300元/套，每套包括粮食白酒2斤、单价80元，干红酒2斤、单价70元。该企业9月应纳消费税（　　）元（题中的价格均为不含税价格）。

A. 391 240　　B. 379 240

C. 99 240　　D. 484 550

7. 进口地海关无法解决的税则归类问题，应报（　　）明确。

A. 国家税务总局　　B. 财政部

C. 海关总署　　D. 国务院

8. 自2009年5月1日开始，下列关于卷烟的消费税政策，说法不正确的是（　　）。

A. 卷烟在批发环节加征一道从价税

B. 白酒生产企业向商业销售单位收取的“品牌使用费”应并入白酒的销售额中缴纳消费税

C. 组成成套的消费品不需分别核算销售额，而是一律从高适用税率

D. 卷烟消费税在生产和批发两个环节征收后，批发企业在计算纳税时可以扣除已含的生产环节的消费税税款

9. 根据规定，下列税务行政处罚，需要采取听证程序的是（　　）。

A. 对A公民采取的1 000元的税务行政处罚

B. 对B企业采取的5 000元的税务行政处罚

C. 对C公民采取的3 000元的税务行政处罚

D. 对D企业采取的8 000元的税务行政处罚

10. 下列关于现行城镇土地使用税的表述，正确的是（　　）。

A. 纳税人出租、出借的房产，自交付出租、出借房产之月起纳税

B. 纳税人购置的新建商品房，自房地产权属登记机关签发房屋权属证书之次月起纳税

C. 以出让或转让方式有偿取得土地使用权的，合同未约定交付土地时间的，由受让方从合同签订的次月起缴纳城镇土地使用税

D. 纳税人2019年3月15日将土地对外转让，自当日终止纳税义务

11. 国家税务总局制定的税务行政处罚规章中对非经营活动中违法行为的处罚为（　　）。

A. 非经营活动违法行为设定罚款不得超过1 000元

B. 非经营活动违法行为设定罚款不得超过10 000元

C. 经营活动有违法所得的，设定罚款不超过违法所得的3倍，但最高不超过3 000元

D. 经营活动没有违法所得的，设定罚款不得超过1 000元

12. 根据土地增值税法的相关规定，下列各项中，说法不正确的是（　　）。

A. 对于分期开发的项目，以分期项目为单位清算

B. 土地增值税清算时，已全额开具商品房销售发票的，按照发票所载金额确认收入；未开具发票或未全额开具发票的暂不确认收入

C. 除另有规定外，房地产开发企业不能提供房地产开发成本的合法有效凭证的，不予在计算土地增值税时扣除

D. 房地产开发企业的预提费用，除另有规定外，不得扣除

13. 下列各项中，属于土地增值税征税范围的是（　　）。

A. 对房屋进行装修，价值得到大幅提升

B 一方出地、一方出资金，双方合作建房，建成后按比例分房自用

C. 房地产开发公司代客户进行房地产开发

D. 以房地产抵债

14. 甲与乙交换房屋，房地产评估机构评估确定甲的房屋价值为34万元，乙的房屋价值为30万元，经协商，乙支付给甲差价款4万元，当地规定的契税税率为5%，则甲、乙应该缴纳的契税分别为（　　）元。

A. 0，2 000　　B. 2 000，0

C. 15 000，17000　　D. 17 000，15 000

15. 企业实际支付给关联方的利息支出，计算所得税时若要据实扣除，其接受关联方债权性投资与其权益性投资比例为（　　）。

A. 金融企业5∶1，其他企业3∶1　　B. 金融企业5∶1，其他企业2∶1

C. 金融企业2∶1，其他企业5∶1　　D. 金融企业3∶1，其他企业5∶1

16. 对房地产开发企业进行土地增值税清算时，下列表述正确的是（　　）。

A. 房地产开发企业的预提费用，除另有规定外，不得扣除

B. 房地产开发企业提供的开发间接费用资料不实的，不得扣除

C. 房地产开发企业提供的前期工程费的凭证不符合清算要求的，不得扣除

D. 房地产开发企业销售已装修房屋，可以扣除的装修费用不得超过房屋原值的10%

17. 史密斯是我国非居民纳税人，2019年1月起，连续12次在报刊上连载一部小说，每次取得稿费收入3 000元，则2019年史密斯的连载收入共需缴纳个人所得税（　　）元。

A. 4 032　　B. 3 024

C. 5 760　　D. 4 320

18. 以下所得，不按“劳务报酬所得”缴纳个人所得税的是（　　）。

A. 个人将承租房屋转租取得的租金收入

B. 个人兼职取得的收入

C. 个人担任董事，且不在公司任职，取得的董事费

D. 企业组织非雇员旅游所发生的费用

19. 从事生产、经营的纳税人外出经营，在同一地（　　）的，向生产、经营所在地税务机关办理税务登记。

A. 连续超过180天　　B. 累计超过180天

C. 连续超过90天　　D. 累计超过90天

20. 某居民企业2019年度产品销售收入5 000万元，销售成本3 500万元，材料销售收入200万元，分回的投资收益800万元（被投资方税率为15%），实际发生业务招待费50万元，该企业2019年度所得税前可以扣除的业务招待费用为（　　）万元。

A. 26　　B. 12

C. 15　　D. 18

21. 我国现行税法规定，个人发生的公益捐赠支出金额，按照以下规定确定（　　）。

A. 捐赠货币性资产的，按实际捐赠金额确定

B. 捐赠股权的，按照个人持有股权的财产市场价值确定

C. 捐赠房产的，按照房产的市场价值确定

D. 捐赠其他非货币性资产的，按照原值确定

22. 企业安置残疾人员所支付工资的加计扣除，是指企业安置残疾人员的，在按照支付给残疾职工工资据实扣除的基础上，按照支付给残疾职工工资的（　　）加计扣除。

A. 30%　　B. 50%

C. 80%　　D. 100%

23. 纳税人未按照规定使用税务登记证件，或者转借、涂改、损毁、买卖、伪造税务登记证件的，处2 000元以上1万元以下的罚款；情节严重的处以（　　）。

A. 1万元以上5万元以下罚款

B. 1万元以上6万元以下罚款

C. 1万元以上8万元以下罚款

D. 1万元以上10万元以下罚款

24. 下列情形中，纳税人不用进行土地增值税清算的是（　　）。

A. 直接转让土地使用权的

B. 整体转让未竣工决算房地产开发项目的

C. 房地产开发项目全部竣工并完成销售的

D. 取得销售（预售）许可证2年仍未销售完的

二、多项选择题（本题型共14题，每题1.5分，共21分。每题均有多个正确答案，请从每题的备选答案中选出你认为正确的答案，所有答案选择正确的得分；不答、错答、漏答均不得分）

1. 下面税种中采用差别比例税率的有（　　）。

A. 消费税　　B. 关税

C. 个人所得税　　D. 城市维护建设税

2. 下列表述不符合税法有关规定的有（　　）。

A. 销售折让以折让后的货款为销售额

B. 纳税人销售啤酒收取的包装物押金，应于包装物押金逾期时，并入销售额中征收增值税

C. 采取以物易物方式销售货物的，双方都不得抵扣换进货物的进项税

D. 纳税人采取以旧换新方式销售货物的，应按照新货物的同期销售价格减去旧货物作价作为计税依据

3. 下列货物中，属于消费税征收范围的有（　　）。

A. 未经打磨、倒角的木制一次性筷子

B. 实木复合地板

C. 未经涂饰的素板

D. 装饰墙壁的实木装饰板

4. 下面关于增值税销售额的确定，正确的有（　　）。

A. 现金折扣可以从销售额中减除

B. 如果销货者将自产、委托加工和购买的货物用于实物折扣的，则该实物款额不能从货物销售额中减除

C. 采取以旧换新方式销售货物的，应按新货物的同期销售价格确定销售额，不得扣减旧货物的收购价格

D. 在以物易物活动中，双方都应作购销处理，分别开具合法的票据

5. 下列项目中，不能直接作为消费税计税依据的有（　　）。

A. 销售应税消费品开具的普通发票上的价款

B. 白酒的包装物押金

C. 销售货物收取的运费

D. 用于换取消费资料的应税消费品的加权平均价格

6. “营改增”之后，专用发票的开具必须在备注栏备注相关信息的事项有（　　）。

A. 提供建筑服务　　B. 销售不动产

C. 出租不动产　　D. 缴纳水电费

7. 下列货物的补税和退税，不适用该进口货物原申报进口或者进口之日所实施的关税税率的有（　　）。

A. 经批准转为内销的加工贸易进口料、件

B. 分期支付租金的租赁进口货物的分期付税

C. 由于税则归类的改变而需补税的

D. 因情况改变，经海关批准转让而需补税的按特定减免税办法予以减免税的进口货物

8. 下列关于资源税纳税义务发生时间的表述中，错误的说法有（　　）。

A. 自产自用应税产品，移送使用当天缴纳资源税

B. 分期收款销售方式，收到货款当天缴纳资源税

C. 代扣代缴资源税，收到货款当天缴纳资源税

D. 预收货款销售方式，发出应税产品当天缴纳资源税

9. 下列各项中，可以免缴印花税的有（　　）。

A. 个人购买安置住房的

B. 国家指定的收购部门与村民委员会书立的农副产品收购合同

C. 个人间签订的居民住房租赁合同

D. 无息、贴息贷款合同

10. 企业的下列项目中可以在计算应纳税所得额时享受“加计扣除”优惠政策的有（　　）。

A. 开发新技术、新产品、新工艺发生的研究开发费用

B. 安置残疾人员及国家鼓励安置的其他就业人员所支付的工资

C. 创业投资企业从事国家需要重点扶持和鼓励的创业投资的投资额

D. 企业购置用于环境保护、节能节水、安全生产等专用设备的投资额

11. 下列利息支出所得税前可以据实扣除的有（　　）。

A. 非金融企业向金融企业借款的利息支出

B. 金融企业的各项存款利息支出和同业拆借利息支出

C. 非金融企业向非金融企业借款不高于按照金融企业同类贷款利率计算的利息支出

D. 企业经批准发行债券的利息支出

12. 下列属于个人所得中经营所得的有（　　）。

A. 个体工商户从事生产、经营活动取得的所得

B. 个人依法从事办学、医疗、咨询服务活动取得的所得

C. 个人对企业、事业单位承包经营、承租经营所得

D. 合伙企业的个人合伙人来源于境内注册的合伙企业生产、经营的所得

13. 下列关于税款的退还和追征制度的陈述，正确的选项有（　　）。

A. 纳税人超过应纳税额缴纳的税款，税务机关发现后应当立即退还

B. 纳税人自结算缴纳税款之日起 3 年内发现的，可以向税务机关要求退还多缴的税款并加算银行同期存款利息

C. 因纳税人、扣缴义务人计算等失误，未缴或者少缴税款的，税务机关在 5 年内可以追征税款、滞纳金

D. 对偷税、抗税、骗税的，税务机关追征其未缴或者少缴的税款、滞纳金或者所骗取的税款，不受规定期限的限制，应无限期追征

14. 以下所得，应按“工资、薪金所得”缴纳个人所得税的有（　　）。

A. 参加有奖销售所得赠品

B. 全年一次性奖金所得

C. 转让限售股所得

D. 企业组织雇员旅游所发生的费用

三、计算问答题（本题型共 4 小题，每小题 6 分，共 24 分。要求列出计算步骤，每步骤运算得数精确到小数点后两位）

1. 大海宾馆为一般纳税人，所拥有的房产均为 2016 年 4 月 30 日前取得，主营业务涵盖餐饮、住宿、会议等。2019 年 7 月发生以下经营事项：取得住宿费收入 300 万元，餐饮费收入 120 万元，会议费收入 80 万元，会议室租金 10 万元。从具有一般纳税人资质的供货商外购材料并取得增值税专用发票价税合计 45.2 万元，从农民处采购蔬菜 30 万元并取得农产品专用发票。假定大海宾馆将能选用简易征收的项目均已备案。计算大海宾馆当月的增值税。

2. A 公司为位于某城市郊区的一国有企业，某年土地使用的相关资料如下：

（1）A 公司提供的政府部门核发的土地使用证书显示：A 公司实际占用的土地面积中，企业内托儿所和厂医院共占地 1 000 平方米，厂区以外的公用绿化用地 2 000 平方米；

（2）本年 1 月 1 日将一块 100 平方米的土地无偿借给某国家机关作公务使用；

（3）本年 1 月 1 日从某公园无偿借到一块 50 平方米的土地作为办公室；

（4）与该企业开办的某外商投资企业拥有同一办公楼，该办公楼建筑面积5 000平方米，其中，A 公司实际使用 2 000 平方米，其余归外商投资企业使用，该办公楼占用土地 3 000 平方米；

（5）单独建造的地下仓库占地面积 2 000 平方米；

（6）除上述土地外，其余土地 10 000 平方米，均为 A 公司生产经营用地。

要求：假设当地的城镇土地使用税每年征收一次，该地每平方米土地年税额 3 元，请根据上述资料，分析计算 A 公司当年应纳城镇土地使用税。

3. A国甲公司2019年度国内外总所得600万元，其中国内所得占1/3。居住国A国实行超额累进税率，年所得100万元以下，税率为30%；101万~400万元，税率为35%；400万元以上，税率为40%。国外分公司所在国实行35%的比例税率。如果A国实行累进免税法，请计算A国甲公司应纳所得税。

4. A公司2019年5月开业。A公司在开业当月还领取了工商营业执照，并取得了一个商标注册证和一个房产证。A公司在开业当年还签订了以下合同：

（1）与铁路部门签订运输合同，合同上记载的运输费和仓储保管费合计为5万元；

（2）与保险公司签订财产保险合同一份，投保金额为100万元，缴纳保险费4万元；

（3）与银行签订担保合同，为B企业的银行贷款提供担保，担保金额为50万元；

（4）与B企业签订购销合同，销售给B企业价值30万元的货物。

要求：计算A公司应该缴纳的印花税。

四、综合题（本题型共2小题，共31分。要求列出计算步骤，每步骤运算得数精确到小数点后两位）

1. 某市生产企业为增值税一般纳税人，为居民企业。2019年度发生相关业务如下：

（1）销售产品取得不含税销售额8 000万元，债券利息收入240万元（其中国债利息收入30万元）；应扣除销售成本5 100万元，缴纳增值税600万元、城市维护建设税及教育附加72万元。

（2）发生销售费用1 400万元，其中广告费用800万元、业务宣传费用450万元；发生财务费用200万元，其中支付向某企业流动资金周转借款2 000万元，一年的借款利息160万元（同期银行贷款利率为6%）；发生管理费用1 100万元，其中用于新产品、新工艺研制而实际支出的研究开发费用为400万元。

（3）2017年度、2018年度经税务机关确认的亏损额分别为70万元和40万元。

（4）2014年度在A、B两国分别设立两个全资子公司，其中在A国设立甲公司，在B国设立乙公司。2019年，甲公司亏损30万美元，乙公司应纳税所得额50万美元。乙公司在B国按20%的税率缴纳了所得税。

（说明：该企业要求其全资子公司税后利润全部汇回；汇率：1美元=7元人民币）

要求：根据所给资料，回答下列问题：

（1）计算应纳税所得额时准予扣除的销售费用。

（2）计算应纳税所得额时准予扣除的财务费用。

（3）计算2019年境内应纳税所得额。

（4）计算从A国分回的境外所得应予抵免的税额。

（5）计算从B国分回的境外所得应予抵免的税额。

（6）计算2019年度实际应缴纳的企业所得税。

2. 某首饰商城为增值税一般纳税人，2019年5月发生以下业务：

（1）零售金银首饰与镀金首饰组成的套装礼盒，取得收入29万元，其中金银首饰收入20万元，镀金首饰收入9万元；

（2）采取“以旧换新”方式向消费者销售金项链2 000条，新项链每条零售价0.25万元，旧项链每条作价0.22万元，每条项链取得差价款0.03万元；

（3）为个人定制加工金银首饰，商城提供原料含税金额29.38万元，取得个人支付的含税加工费收入4.52万元（商城无同类首饰价格）；

（4）用300条银基项链抵偿债务，该批项链账面成本为39万元，零售价67.8万元（该银基项链最高销售价格等于平均销售价格）；

（5）外购金银首饰一批，取得的普通发票上注明的价款为400万元；外购镀金首饰一批，取得经税务机关认可的增值税专用发票，注明价款50万元、增值税6.5万元。

（其他相关资料：金银首饰零售环节消费税税率为5%，金银首饰的成本利润率为6%）

要求：根据上述资料，按下列序号计算回答问题，每问需计算出合计数。

（1）销售成套礼盒应缴纳的消费税。

（2）“以旧换新”销售金项链应缴纳的消费税。

（3）定制加工金银首饰应缴纳的消费税。

（4）用银基项链抵偿债务应缴纳的消费税。

（5）商城5月应缴纳的增值税。

2020年注册会计师全国统一考试
《税法》全真模拟试题（七）参考答案及解析

一、单项选择题

1. 答案：A

解析：避税是指纳税人通过个人或企业事务的人为安排，利用税法的漏洞、特例和缺陷，规避、减轻或延迟其纳税义务的行为。

2. 答案：B

解析：应纳增值税 =（1 000 ×300 +100 ×50）÷1. 03 ×3% =8 883. 5（元）。

3. 答案：A

解析：改在零售环节征收消费税的金银首饰仅限于金基、银基合金首饰以及金、银和金基、银基合金的镶嵌首饰，进口环节暂不征收。

4. 答案：C

解析：出口免税不退税是指适用这个政策的出口货物、劳务和跨境应税行为在前一道生产、销售环节或进口环节是免税的，因此也不退税。

5. 答案：C

解析：关税的完税价格 = 买价 + 运费 + 保险费；保险费 =（买价 + 运费）×0. 3% =（300 000 +20 000）×0. 3% =960（元），应缴纳的关税 =（300 000 +20 000 +960）×20% =64 192（元）。

6. 答案：A

解析：纳税人将不同税率应税消费品组成成套消费品销售的，即使分别核算销售额也从高税率计算应纳消费税。该企业 9 月应纳消费税 =（12 000 ×5 +6 200）×20% +12 000 ×0. 5 +6 000 ×300 ×20% +6 000 ×4 ×0. 5 =391 240（元）。

7. 答案：C

解析：进口地海关无法解决的税则归类问题，应报海关总署明确。

8. 答案：D

解析：卷烟消费税在生产和批发两个环节征收后，批发企业在计算纳税时不得扣除已含的生产环节的消费税税款。

9. 答案：C

解析：税务行政处罚听证的范围是对公民作出 2 000 元以上，或者对法人或其他组织作出 1 万元以上罚款的案件。

10. 答案：C

解析：纳税人购置的新建商品房，自房屋交付使用之次月起纳税；纳税人出租、出借的房产，自交付出租、出借房产之次月起纳税；自 2009 年 1 月 1 日起，纳税人因土地的权利发生变化而依法终止城镇土地使用税纳税义务的，其应纳税款的计算应截至土地权利发生变化的当月末。

11. 答案：A

解析：非经营活动违法行为设定罚款不得超过 1 000 元；经营活动有违法所得的，设定罚款不得超过违法所得的 3 倍，但最高不得超过 30 000 元；经营活动没有违法所得的，设定罚款不得超过 10 000 元。

12. 答案：B

解析：选项 B，土地增值税清算时，已全额开具商品房销售发票的，按照发票所载金额确认收入；未开具发票或未全额开具发票的，以交易双方签订的销售合同所载的售房金额及其他收益确认收入。

13. 答案：D

解析：现行税法规定，土地增值税的征税范围包括转让国有土地使用权和地上的建筑物及其附着物。以房地产抵债，房屋的产权发生变化，属于土地增值税的征税范围。

14. 答案：A

解析：土地使用权交换、房屋交换的计税依据为所交换的土地使用权房屋的价格差额，支付差价款的一方缴税。

15. 答案：B

解析：企业实际支付给关联方的利息支出，若要据实扣除，其接受关联方债权性投资与其权益性投资比例为：金融企业 5∶1，其他企业 2∶1。

16. 答案：A

解析：选项 B、C，房地产开发企业办理土地增值税清算所附送的前期工程费、建筑安装工程费、基础设施费、开发间接费用的凭证或资料不符合清算要求或不实的，地方税务机关可参照当地建设工程造价管理部门公布的建安造价定额资料，结合房屋结构、用途、区位等因素，核定上述四项开发成本的单位面积金额标准，并据以计算扣除，具体核定方法由省税务机关确定；选项 D，房地产开发企业销售已装修的房屋，其装修费用可以计入房地产开发成本，没有金额的限制。

17. 答案：A

解析：现行税法规定，同一作品在报刊上连载取得收入的，为稿酬所得。适用 20% 税率并按应纳税额减征 30%，以连载完成后取得的所有收入合并为一次，计算缴纳个人所得税。史密斯应纳税 $=(3\ 000\times12)\times(1-20\%)\times20\%\times(1-30\%)=4\ 032$（元）。

18. 答案：A

解析：选项 A，个人将承租房屋转租取得的租金收入，应按“财产租赁所得”项目计算缴纳个人所得税。

19. 答案：B

解析：从事生产、经营的纳税人外出经营，在同一地连续 12 个月累计超过 180 天的，向生产、经营所在地税务机关申报办理税务登记的，税务机关核发临时税务登记证及副本。

20. 答案：A

解析：企业发生的与生产经营活动有关的业务招待费支出，按照发生额的 60% 扣除，但最高不得超过当年销售（营业）收入的 5‰。

业务招待费扣除限额 =（5 000 + 200）× 5‰ = 26（万元）< 50 × 60% = 30（万元），可以税前扣除 26 万元。

21. 答案：A

解析：现行税法规定，个人捐赠货币性资产的，按照实际捐赠金额确定；捐赠股权、房产的，按照个人持有股权、房产的财产原值确定；捐赠其他非货币性资产的，按照非货币性资产的市场价格确定。

22. 答案：D

解析：企业安置残疾人员所支付的工资。是指企业安置残疾人员的，在按照支付给残疾职工工资据实扣除的基础上，按照支付给残疾职工工资的 100% 加计扣除。

23. 答案：A

解析：纳税人未按照规定使用税务登记证件，或者转借、涂改、损毁、买卖、伪造税务登记证件的，处 2 000 元以上 1 万元以下的罚款；情节严重的，处 1 万元以上 5 万元以下的罚款。

24. 答案：D

解析："应进行"土地增值税清算的情形有：（1）房地产开发项目全部竣工完成销售的；（2）整体转让未竣工决算房地产开发项目的；（3）直接转让土地使用权的，取得销售（预售）许可证满 3 年仍未销售完毕的"可进行"土地增值税清算。

二、多项选择题

1. 答案：ABD

解析：个人所得税采用的是超额累进税率。消费税、关税和城市维护建设税为差别比例税率。

2. 答案：CD

解析：销售折让可以以折让后的货款为销售额；采取以物易物方式销售货物的，双方都应该作购销业务处理，如果自对方取得增值税专用发票或税务机关代开的增值税专用发票的，可以抵扣换进货物的进项税；纳税人采取以旧换新方式销售货物的，应按照新货物的同期销售价格确定销售额，但是金银首饰除外。

3. 答案：ABCD

解析：选项 ABCD 均属于消费税征收范围。

4. 答案：BCD

解析：现金折扣不得从销售额中减除。

5. 答案：ABCD

解析：用于换取消费资料的应税消费品应按最高价格，其余价格应换算成不含税价格。

6. 答案：ABC

解析：缴纳水电费，开具增值税专用发票不必在备注栏备注相关信息。提供建筑服务，应在发票备注栏注明建筑服务发生地名称及项目名称。销售不动产，应在发票“货物或应税劳务、服务名称”栏填写不动产名称及房屋产权证书号码。出租不动产，应在备注栏注明不动产的详细地址。

7. 答案：ABCD

解析：选项 A 为向海关申报转为内销之日实施的税率；选项 B 为适用海关接受纳税人再次填写报关单申报，办理纳税及有关手续之日实施的税率；选项 C 为原征税日期实施的税率；选项 D 为向海关申报转为内销之日实施的税率征税。

8. 答案：BC

解析：分期收款销售方式，以合同规定的收款日期当天缴纳资源税；代扣代缴资源税，以支付首笔货款或者开具应支付货款凭据的当天缴纳资源税。

9. 答案：ABD

解析：现行税法规定，房地产管理部门与个人签订的用于生活居住的租赁合同免税，但个人间签订的居民住房租赁合同不免税。

10. 答案：AB

解析：企业综合利用资源，生产符合国家产业政策规定的产品所取得的收入，可以在计算应纳税所得额时减计收入。企业购置用于环境保护、节能节水、安全生产等专用设备的投资额，可以按一定比例实行税额抵免。因此，选项 C、D 均不属于“加计扣除”的范围。

11. 答案：ABCD

解析：非金融企业向非金融企业借款的利息支出，不超过按照金融企业同期同类贷款利率计算的数额的部分可以据实扣除。

12. 答案：ABCD

13. 答案：ABD

解析：因纳税人、扣缴义务人计算等失误，未缴或者少缴税款的，税务机关在 3 年内可以追征税款、滞纳金；有特殊情况的，追征期可以延长到 5 年。

14. 答案：BD

解析：选项 A，按“偶然所得”缴纳个人所得税；选项 C，自 2010 年 1 月 1 日起，对个人转让限售股取得的所得，按照“财产转让所得”，适用 20% 的比例税率征收个人所得税。

三、计算问答题

1. 答案：

（1）销项税额 $=300\div(1+6\%)\times6\%+120\div(1+6\%)\times6\%+80\div(1+6\%)\times6\%+10\div(1+5\%)\times5\%=28.3+0.48=28.78$（万元）。

（2）进项税额 $=45.2\div(1+13\%)\times13\%+30\times9\%=7.9$（万元）。

（3）当期应纳税额 $=28.78-7.9=20.88$（万元）。

解析：一般纳税人对不动产的经营租赁可以选择简易方法计税，征收率为 5%。

2. 答案：

（1）企业办的学校、医院、托儿所、幼儿园自用的土地，比照由国家财政部门拨付事业经费的单位自用的土地，免征土地使用税。对企业厂区（包括生产、办公及生活区）以内的绿化用地，应按规定缴纳土地使用税；对厂区以外的公共绿化用地和向社会开放的公园用地，暂免征收土地使用税。

（2）对免税单位无偿使用纳税单位的土地，免征土地使用税。

（3）对纳税单位无偿使用免税单位的土地，纳税单位照章缴纳城镇土地使用税。

应纳土地使用税 $=50\times3=150$（元）。

（4）纳税单位与免税单位共同使用共有使用权土地上的多层建筑，对纳税单位可按其占用的建筑面积占建筑总面积的比例计征。外商投资企业土地使用税由外商投资企业缴纳。

A企业应纳城镇土地使用税的比例 $=2\ 000\div5\ 000\times100\%=40\%$。

应纳税额 $=3\ 000\times3\times40\%=3\ 600$（元）。

（5）对单独建造的地下建筑物用地暂按应纳税款的50%征收。

应纳税额 $=2\ 000\times3\times50\%=3\ 000$（元）。

（6）其余土地应纳税额 $=10\ 000\times3=30\ 000$（元）。

因此，A公司本年应纳城镇土地使用税 $=150+3\ 600+3\ 000+30\ 000=36\ 750$（元）。

3. 答案：

（1）A国采用累进免税法时应征所得税为：

$[100\times30\%+(400-100)\times35\%+(600-400)\times40\%]\times1/3=71.67$（万元）。

（2）国外分公司已纳税额为：$600\times2/3\times35\%=140$（万元）。

（3）甲公司纳税总额 $=71.67+140=211.67$（万元）。

4. 答案：

（1）权利、许可证照应纳税 $=3\times5=15$（元）。

（2）运输合同应纳税 $=50\ 000\times1‰=50$（元）。

（3）保险合同应纳税 $=40\ 000\times1‰=40$（元）。

（4）担保合同无须缴纳印花税。

（5）购销合同应纳税 $=300\ 000\times0.3‰=90$（元）。

A公司共须缴纳印花税 $=15+50+40+90=195$（元）。

解析：同一凭证载有两个或两个以上经济事项，适用不同税目税率的，如分别记载金额的应分别计算印花税额，未分别记载金额的按税率高的计税贴花。

四、综合题

1. 答案：

（1）广告费、业务宣传费扣除限额 $=8\ 000\times15\%=1\ 200$（万元），实际发生额 $=800+450=1\ 250$（万元），大于扣除限额，应扣除1 200万元。

准予扣除的销售费用 $=1\ 400-800-450+1\ 200=1\ 350$（万元）。

（2）利息费用扣除限额 $=2\ 000\times6\%=120$（万元）。

准予扣除的财务费用 $=200-160+120=160$（万元）。

（3）2019年境内应纳税所得额 $=8\ 000+240-30-5\ 100-72-1\ 350-160-1\ 100-400\times75\%-70-40=18$（万元）。

（4）根据规定，企业在汇总计算缴纳企业所得税时，其境外营业机构的亏损不得抵减境内营业机构的盈利，因此抵免税额为0。

（5）2019年境内、外所得的应纳所得税额 =（18 +50 ×7）×25% =92（万元）。

B国所得已纳税额 =50 ×7 ×20% =70（万元）。

B国所得抵免限额 =92 ×（50 ×7）÷（18 +50 ×7）=87.5（万元）。

已纳税额小于抵免限额，应予抵免的税额是已纳税额即70万元。

（6）2019年实际缴纳的企业所得税 =92 -70 =22（万元）。

2. 答案：

（1）销售成套礼盒应缴纳的消费税 =29 ÷（1 +13%）×5% =1.28（万元）。

应税首饰与非应税首饰组成成套消费品的，不论是否单独核算，一并计算缴纳消费税。

（2）以旧换新销售金项链，按照实际收取的不含增值税的全部价款计算消费税和增值税。

以旧换新销售金项链应缴纳的消费税 =2 000 ×0.03 ÷（1 +13%）×5% =2.65（万元）。

（3）定制加工金银首饰应缴纳的消费税 =（29.38 +4.52）÷（1 +13%）÷（1 -5%）×（1 +6%）×5% =33.47 ×5% =1.67（万元）。

（4）以物抵债应纳消费税 =67.8 ÷（1 +13%）×5% =3（万元）。

（5）应纳增值税 =［（29 +2 000 ×0.03 +67.8）÷（1 +13%）+33.47］×13% -6.5 =15.89（万元）。

2020 年注册会计师全国统一考试
《税法》全真模拟试题（八）

一、单项选择题（本题型共 24 题，每题 1 分，共 24 分。每题只有一个正确答案，请从每题的备选答案中选出一个你认为正确的答案）

1. 税法的构成要素中，区别不同税种的主要标志是（　　）。

A. 征税对象　　B. 税目

C. 税率　　D. 纳税环节

2. 下列税种中，税收收入和征收管辖权限均属于中央的是（　　）。

A. 消费税　　B. 城镇土地使用税

C. 土地增值税　　D. 增值税

3. 单位以承包、承租、挂靠方式经营的，下列（　　）属于由承包人作为纳税人。

A. 以出租人名义对外经营并由出租人承担相关法律责任

B. 发包人名义对外经营并由发包人承担相关法律责任

C. 发包人名义对外经营并由承包人承担相关法律责任

D. 被挂靠人名义对外经营并由被挂靠人承担相关法律责任

4. 某旧货经营单位为增值税小规模纳税人，2020 年 2 月销售旧货共取得含税销售收入 50 000 元，销售自己使用过的固定资产共取得含税销售收入 20 000 元，该单位未放弃减税，则该旧货经营单位 2020 年 2 月应缴纳增值税（　　）元（已知：该单位 2020 年第一季度销售额超过 30 万元）。

A. 1 359. 22　　B. 1 372. 55

C. 2 038. 83　　D. 3 876. 86

5. 下列关于增值税纳税义务发生时间的描述，不正确的是（　　）。

A. 采用预收方式销售食品，为食品发出的当天

B. 采取直接收款方式销售货物，货物发出则纳税义务发生时间为收到销售款项；货物未发出则等到货物发出时为纳税义务发生时间

C. 采用预收方式销售生产工期为 13 个月的大型机器设备，纳税义务发生时间为收到预收款或合同约定的收款日期

D. 委托银行收款方式销售货物，纳税义务发生时间为发出货物并办妥托收手续的当天

6. 下列消费品中，实行从量计征消费税的是（　　）。

A. 黄酒　　B. 酒精

C. 小汽车　　D. 卷烟

7. 下列产品和服务按9%征收增值税的是（　　）。

A. 原油　　B. 农产品

C. 稀土　　D. 增值电信服务

8. 下列车辆不需要征收车辆购置税的是（　　）。

A. 电动自行车　　B. 摩托车

C. 农用运输车　　D. 挂车

9. 一般纳税人提供有形动产租赁服务，税率为（　　）。

A. 13%　　B. 9%

C. 6%　　D. 5%

10. 某公司于2020年1月27日（周五）进口一批货物并于当日申报进境，次日海关填发了税款缴款书，则该公司最晚向银行缴纳关税税款的期限为（　　）。

A. 2月13日　　B. 2月14日

C. 2月15日　　D. 2月16日

11. 下列情形中，属于直接向环境排放污染物从而应缴纳环境保护税的是（　　）。

A. 企业在符合国家和地方环境保护标准的场所处置固体废物的

B. 事业单位向依法设立的生活垃圾集中处理场所排放应税污染物的

C. 企业向依法设立的污水集中处理场所排放应税污染物的

D. 依法设立的城乡污水集中处理场所超过国家和地方规定的排放标准排放应税污染物的

12. 下列各项中，按规定可以免征土地增值税的是（　　）。

A. 被兼并企业将房地产转让给兼并企业

B. 一个企业与另一个企业的房地产进行交换

C. 以房地产抵债

D. 土地使用者有偿受让土地使用权后，不进行房产开发，直接出售空地

13. 某市属企业实际占用城市土地面积30 000平方米，其中自用20 000平方米，出租给另一单位使用10 000平方米。当地政府确定的该片土地的适用税额为每平方米4元，则该企业每年应该缴纳的城镇土地使用税税额是（　　）万元。

A. 4　　B. 6

C. 8　　D. 12

14. 新疆某油田202×年2月生产原油10 000吨，其中已销售6 000吨，每吨售价1 000元，自用1 500吨（其中用于加热、修井500吨），原油适用的资源税税率为6%。其2月应纳的资源税税额为（　　）万元。

A. 60　　B. 42

C. 37. 5　　D. 32. 5

15. 某企业2019年度有注册资本500万元，当年1月1日向其无关联企业借入经营性资金400万元，借款期1年，支付利息费28万元。假定当年银行同期贷款年利息率为6%，该

企业在计算应纳税所得额时可以扣除的利息费用为（　　）万元。

A. 30　　B. 28

C. 24　　D. 15

16. 纳税人临时占用耕地，应当依照征收管理条例缴纳耕地占用税。纳税人在批准临时占用耕地的期限届满之日起一年内依法复垦，恢复种植条件的（　　）。

A. 部分退还已经缴纳的耕地占用税

B. 全额退还已经缴纳的耕地占用税

C. 视具体情况确定是否退还耕地占用税

D. 各地区自行确定是否退还耕地占用税

17. 某市的一家公司于 2000 年成立，实际占地 23 000 平方米。由于生产经营规模扩大，2019 年 10 月 18 日该公司新征用了一块尚未办理土地使用证的非耕地约 3 000 平方米，公司按其当年开发使用的 2 000 平方米土地面积进行申报纳税。以上土地均适用每平方米年纳税额为 2 元的城镇土地使用税税率。该公司 2019 年应缴纳城镇土地使用税为（　　）元。

A. 46 000　　B. 48 000

C. 46 666. 67　　D. 50 000

18. 企业按规定向税务机关报送资产损失税前扣除申请时，均应提供能够证明资产损失确属已实际发生的合法证据。下列不属于具有法律效力的外部证据的是（　　）。

A. 保险公司对投保资产出具的出险调查单、理赔计算单等

B. 具有法定资质的中介机关的经济鉴定证明

C. 司法机关的判决或者裁定

D. 相关经济行为的业务合同

19. 下列各项中，表述正确的是（　　）。

A. 企业拨缴的工会经费，不超过工资薪金总额 2% 的部分准予扣除，超过部分准予以后纳税年度扣除

B. 企业发生的职工教育经费支出，不超过工资薪金总额 8% 的部分准予扣除，超过部分准予结转以后纳税年度扣除

C. 软件生产企业应准确划分职工教育经费中的职工培训费支出，对于不能准确划分的，可以按照工资薪金总额 1. 5% 的比例扣除

D. 企业发生的职工福利费支出，不超过工资薪金总额 15% 的部分准予扣除

20. 下列关于广告费和业务宣传费税前扣除政策理解错误的是（　　）。

A. 服装加工企业发生的广告费和业务宣传费支出，不超过当年销售（营业）收入 15% 的部分，准予扣除；超过部分，准予在以后纳税年度结转扣除

B. 对化妆品制造、医药制造和饮料制造（不含酒类制造）企业发生的广告费和业务宣传费支出，不超过当年销售（营业）收入 30% 的部分，准予扣除；超过部分，准予在以后纳税年度结转扣除

C. 对采取特许经营模式的饮料制造企业，饮料品牌使用方发生的不超过当年销售（营业）收入 30% 的广告费和业务宣传费支出一律在本企业扣除

D. 烟草企业的烟草广告费和业务宣传费支出，一律不得在计算应纳税所得额时扣除

21. 某纳税人由于计算错误，造成少缴税款累计 12 万元，则税务机关可以对其进行的

处理是（　　）。

A. 在3年内要求其补缴税款，但不得加收滞纳金

B. 在3年内要求其补缴税款和滞纳金

C. 在5年内要求其补缴税款和滞纳金

D. 无限期追征滞纳金、罚款

22. 我国现行税法规定，对法人或其他组织处以（　　）元以下罚款的违法案件，如果案情简单、事实清楚、违法后果比较简单且有法定依据应当给予处罚，就可以由税务行政执法人员当场作出税务行政处罚。

A. 500　　B. 1 000

C. 2 000　　D. 5 000

23. 经济特区、经济技术开发区和经济发达、人均耕地特别少的地区，耕地占用税适用税额可以适当提高，但最多不得超过规定税额的（　　）。

A. 60%　　B. 100%

C. 150%　　D. 50%

24. 居民乙因拖欠居民甲180万元款项无力偿还，2018年6月经当地有关部门调解，以房产抵偿该笔债务，居民甲因此取得该房产的产权并支付给居民乙差价款20万元。假定当地省政府规定的契税税率为5%。下列表述中正确的是（　　）。

A. 居民甲应缴纳契税1万元　　B. 居民乙应缴纳契税1万元

C. 居民甲应缴纳契税10万元　　D. 居民乙应缴纳契税10万元

二、多项选择题（本题型共14题，每题1.5分，共21分。每题均有多个正确答案，请从每题的备选答案中选出你认为正确的答案，所有答案选择正确的得分；不答、错答、漏答均不得分）

1. 税法要素是指各种单行税法具有的共同的基本要素的总称，下面（　　）属于税法要素。

A. 纳税地点　　B. 纳税环节

C. 减税免税　　D. 税率

2. 出口企业或其他单位出口下列货物，适用增值税免税政策的有（　　）。

A. 增值税小规模纳税人出口的货物

B. 避孕药品和用具

C. 含黄金、白银成分的货物，钻石及其饰品

D. 来料加工复出口的货物

3. 下面关于增值税兼营行为的税率选择，说法正确的有（　　）。

A. 试点纳税人销售货物、提供应税劳务、发生应税行为适用不同税率或者征收率的，应当分别核算适用不同税率或者征收率的销售额

B. 未分别核算销售额的，兼有不同税率的销售货物、提供应税劳务、发生应税行为，从高适用税率

C. 未分别核算销售额的，兼有不同征收率的销售货物、提供应税劳务、发生应税行为，从高适用征收率

D. 未分别核算销售额的，兼有不同税率和征收率的销售货物、提供应税劳务、发生应税行为，从高适用税率

4. 下面关于进口环节增值税的说法，正确的有（　　）。

A. 一般贸易下进口货物的关税完税价格以海关审定的成交价格为基础的离岸价格作为完税价格

B. 跨境电子商务零售进口商品的进口环节增值税、消费税的免征税额为 2 000 元

C. 纳税人进口货物取得的合法海关完税凭证是计算增值税进项税额的唯一依据

D. 在计算进口环节的应纳增值税税额时，不得抵扣任何税费

5. 下列关于企业所得税的征收管理，表述正确的有（　　）。

A. 合伙企业缴纳企业所得税

B. 合伙企业的合伙人以合伙企业的生产经营所得和其他所得，按照合伙企业约定的分配比例确定应纳税所得额

C. 合伙协议未约定或者约定不明确的，以全部生产经营所得，按照合伙人协商决定的分配比例确定应纳税所得额

D. 协商不成的，以全部生产经营所得和其他所得，按照合伙人数量平均计算每个合伙人的应纳税所得额

6. 根据现行政策规定，下列关于白酒消费税最低计税价格核定管理办法的规定，正确的有（　　）。

A. 白酒生产企业销售给销售单位的白酒，生产企业消费税计税价格低于销售单位对外销售价格（不含增值税）70% 以下的，税务机关应核定消费税最低计税价格

B. 白酒消费税最低计税价格由白酒生产企业自行申报，税务机关核定

C. 已核定最低计税价格的白酒，生产企业实际销售价格高于消费税最低计税价格的，按最低计税价格申报纳税

D. 已核定最低计税价格的白酒，销售单位对外销售价格持续上涨或下降时间达到 3 个月以上、累计上涨或下降幅度在 20%（含）以上的白酒，税务机关重新核定最低计税价格

7. 根据我国现行税法，下列各项中，可以免征城镇土地使用税的有（　　）。

A. 旅行社无偿使用某政府的闲置土地

B. 水泥厂的铁路专用线

C. 城市郊区观光农业园的采摘用地

D. 公园内附设的餐馆用地

8. 根据车辆购置税法律制度的规定，下列车辆中可以减免车辆购置税的有（　　）。

A. 武警部队购买的列入武器装备订货计划的车辆

B. 长期来华定居专家进口 1 辆自用小汽车

C. 在外留学人员购买 1 辆自用进口小汽车

D. 农用运输车

9. 根据契税暂行条例及实施细则的规定，下列引起房屋产权发生转移的行为可以免征契税的有（　　）。

A. 事业单位改制后承受原事业单位房屋用于办公

B. 城镇职工按规定第一次购买商品房

C. 以土地、房屋权属作价投资、入股

D. 纳税人承受荒滩土地使用权用于渔业生产

10. 下列各项中，应该按照借款合同的规定计算缴纳印花税的有（　　）。

A. 银行同业拆借所签订的合同

B. 银行与企业签订的融资租赁合同

C. 银行与企业签订的作为合同使用的借据

D. 无息贷款合同

11. 对于关联方企业之间不按照独立企业之间的业务往来收取或者支付价款、费用，而减少应纳税所得额的，税务机关有权进行调整，调整的方法包括（　　）。

A. 按照独立企业之间进行相同或者类似业务活动的价格调整

B. 按照成本加合理的费用和利润调整

C. 按照同行业计算方法调整

D. 按照再售给无关联关系的第三者的价格所应取得的收入和利润水平调整

12. 下列各项税费的征收管理中，不属于《税收征收管理法》适用范围的有（　　）。

A. 进口环节缴纳的增值税　　B. 生产环节缴纳的消费税

C. 财政机关征收的农业税　　D. 税务机关征收的教育费附加

13.《税务代理业务规程》规定，代理人可以接受纳税人、扣缴义务人的委托，从事规定范围内的业务代理。下列代理可接受的有（　　）。

A. 办理税务登记、变更税务登记和注销税务登记手续

B. 办理纳税、退税和减免税申报

C. 办理所有发票的领购手续

D. 审查纳税情况

14. 下列各项中，不应在收回委托加工产品后征收消费税的有（　　）。

A. 商业批发企业销售委托其他企业加工的特制白酒，但受托方向委托方交货时没有代收代缴消费税款的

B. 商业批发企业收回委托其他企业加工的特制白酒直接销售的

C. 商业批发企业销售其委托加工的特制白酒，但是由受托方以其名义购买原材料生产的应税消费品

D. 工业企业委托加工收回后用于连续生产其他酒的特制白酒

三、计算问答题（本题型共4小题，每小题6分，共24分。要求列出计算步骤，每步骤运算得数精确到小数点后两位）

1. 某家用电器商场为增值税小规模纳税人，2019年9月发生了以下业务：

（1）购入冰箱200台，每台不含税购入价为2 000元，货已入库，但款项尚未支付；

（2）采用“以旧换新”的方式销售洗衣机400台，开出的普通发票表明每台销售价为1 500元，每台旧洗衣机的收购价格为50元；

（3）采用“买一赠一”的方式销售冰箱300台，开出的普通发票表明每台销售价为3 000元，赠送的小家电每台售价为100元；

（4）采用分期付款方式销售空调100台，开出的普通发票表明每台售价4 000元，合同

约定，本月收款 20%，余下的 80% 将在下月底收齐。

要求：计算该电器商场本月应该缴纳的增值税。

2. 某企业 2019 年度共计拥有土地 65 000 平方米，其中免费租给邻近部队训练占地 3 000平方米，幼儿园占地 1 200 平方米，企业内部绿化占地 2 000 平方米。201 × 年度的上半年企业共有房产原值 4 000 万元，6 月 30 日起企业将原值 200 万元、占地面积 400 平方米的一栋仓库出租给某商场存放货物，租期 1 年，每月租金收入 1. 5 万元。8 月 10 日对委托施工单位安装中央空调的生产车间办理验收手续，由在建工程转入固定资产原值 500 万元，单项核算。201 × 年初另新购一耕地，面积为 2 000 平方米（城镇土地使用税 4 元/平方米；耕地占用税 20 元/平方米；房产税计算余值的扣除比例为 20%）。

要求：

（1）计算该企业 2019 年应缴纳的城镇土地使用税。

（2）计算该企业 2019 年应缴纳的耕地占用税。

（3）计算该企业 2019 年应缴纳的房产税。

3. 2019 年 9 月 30 日，某市房地产开发公司转让写字楼一幢，合同约定转让价格为 10 900 万元，公司按税法规定缴纳了有关流转税金及附加税费。已知该公司为取得土地使用权而支付的地价款和按国家统一规定缴纳的有关费用为 1 000 万元；投入房地产开发成本为 2 000 万元；房地产开发费用中的利息支出为 100 万元（能够按转让房地产项目计算分摊并提供金融机构证明），比按商业银行同期同类贷款利率计算的利息多出 50 万元。另知公司所在地政府规定的其他房地产开发费用的计算扣除比例为 5%，请计算该公司转让此写字楼应纳的土地增值税税额。

4. 李某因其原任职的国有企业依法破产而成为一名自由职业者。2019 年 8 月，该个人取得以下所得：

（1）依照国家有关法律规定取得一次性安置费收入 80 000 元，当地上年的企业职工年平均工资为 10 000 元；取得失业保险金 500 元。

（2）转让所持有的原企业在改组改制过程中分给该个人以股份形式拥有的企业量化资产，取得转让所得 30 000 元；该个人转让时共支付有关费用 2 000 元。

（3）将其所持有的一项专利的使用权分别转让给甲和乙两个厂商，分别取得转让收入 4 000元和 6 000 元。

要求：根据上述资料，按照下列序号计算回答问题，每问需计算出合计数。

（1）取得安置费收入、失业保险金共计应缴纳个人所得税。

（2）转让量化资产应缴纳个人所得税。

（3）转让专利使用权取得的收入应预扣预缴的个人所得税。

四、综合题（本题型共 2 小题，共 31 分。要求列出计算步骤，每步骤运算得数精确到小数点后两位）

1. 陈某为一企业法定代表人，2019 年取得以下收入：

（1）陈某每月取得工资 8 000 元，12 月取得年终奖 64 000 元（陈某选择奖金不并入当年综合所得）。

（2）陈某根据自己的创业心得编写的长篇小说出版，按合同约定，出版社向陈某预付稿酬10 000元，作品出版后再付稿酬50 000元；当年陈某还授权某晚报连载该小说，历时2个月，每天支付稿酬180元，共获得稿酬10 800元。

（3）当年一月份将闲置的一套住房对外出租，取得租金收入96 000元，租期一年，当期未发生修缮费用（仅考虑房产税，不考虑其他税费）。

（4）1月购入某股票1 000份，每份买入价15元，支付相关税费共计200元。6月将买入的股票一次性卖出，每份卖出价18元，支付卖出债券的税费共计150元。

（5）通过拍卖行将一幅珍藏多年的名人字画拍卖，取得收入80 000元，不能提供财产原值凭证。

（6）从A国取得股息所得（税前）折合人民币8 000元，已在A国缴纳个人所得税400元；从B国取得翻译所得（税前）人民币60 000元，已在B国缴纳个人所得税18 000元。

假设：陈某为独生子，除赡养老人一项专项附加扣除外，该纳税人不享受其余专项附加扣除和税法规定的其他扣除。

要求：按下列顺序回答问题：

（1）计算全年综合所得应缴纳的个人所得税。

（2）计算年终奖应缴纳的个人所得税。

（3）计算财产租赁所得应缴纳的个人所得税。

（4）计算转让债券应缴纳的个人所得税。

（5）计算转让名人字画应缴纳的个人所得税。

（6）计算从A国、B国取得的所得应当补缴的个人所得税合计数。

2. 北京市一居民企业为增值税一般纳税人，2019年度有员工500人，当年相关生产、经营资料如下：

（1）销售产品实现不含税销售额8 000万元，取得送货的运输费收入56.5万元；购进原材料取得增值税专用发票，注明价款5 800万元，增值税税额754万元；支付购货的运输费40万元，保险费和装卸费20万元，取得运输公司及其他单位开具的普通发票；“五一”节前，将自产的产品500件作为福利发给每位员工，市场销售价每件1 582元；全年扣除的产品销售成本为6 650万元。

（2）年初，购进一商标权并投入使用，6月让渡商标使用权取得收入200万元。

（3）年初，以银行存款从股票市场购入甲公司（居民企业，适用企业所得税税率25%）股票20万股作为投资，每股价款3.5元，支付3 000元相关税费，2019年6月20日，取得甲公司派发的股利12万元，10月20日以每股7.9元的价格将上述股票全部卖出，支付7 000元的相关税费。

（4）全年取得国债利息收入36万元，国家重点建设债券利息收入14万元。

（5）全年发生财务费用200万元，其中包含支付银行贷款利息60万元，支付向其他企业借款2 000万元的年利息120万元，因逾期归还贷款支付银行罚息20万元（同期银行贷款年利率是5%）。

（6）全年发生管理费用400万元，其中包括业务招待费45万元。

（7）发生销售费用800万元，其中包括广告费740万元，业务宣传费60万元。

（8）企业实际全年计入生产成本、费用中的工资总额为720万元，实际工资总额已按规定提取了职工福利费，拨缴了工会经费，发生教育经费64.6万元。

（9）“营业外支出”账户列支了对某展销会的赞助 25 万元和直接向市青少年宫的捐款 10 万元。

（10）企业按规定提取用于环境保护方面的专项资金 16 万元。

（11）经税务机关核准结转到本年度的待弥补亏损额为 325.3 万元，前三个季度已预缴企业所得税额 54 万元。

其他相关资料：①相关票据在有效期内均合法并可抵扣；②工会经费已交工会组织并取得《工会经费拨缴款专用收据》。

要求：根据上述资料，按下列序号回答问题，每问需计算出合计数。

（1）计算企业全年应缴纳的增值税销项税额。

（2）计算企业全年应缴纳的增值税额。

（3）计算企业全年应缴纳的城市维护建设税和教育费附加。

（4）计算企业当年转让股票净收益。

（5）计算企业当年的投资收益。

（6）计算企业财务费用应调整的所得额。

（7）计算企业管理费用应调整的所得额。

（8）计算企业销售费用应调整的所得额。

（9）计算企业工资薪金应调整的所得额。

（10）计算企业“三费”应调整的所得额。

（11）计算企业营业外支出应调整的所得额。

（12）计算企业提取用于环境保护资金应调整的所得额。

（13）计算企业 2019 年度的应纳税所得额。

（14）计算企业应补缴（或退）的企业所得税。

2020年注册会计师全国统一考试《税法》全真模拟试题（八）参考答案及解析

一、单项选择题

1. 答案：A

解析：征税对象是区分不同税种的主要标志。

2. 答案：A

解析：城镇土地使用税、土地增值税收入归地方，增值税是中央政府与地方政府共享收入，各占50%。

3. 答案：C

解析：不同时满足两个条件：以发包人名义对外经营；由发包人承担相关法律责任；由承包人作为纳税人。

4. 答案：A

解析：小规模纳税人销售自己使用过的固定资产和旧货，减按2%征收率计算缴纳增值税，应纳税额 =（50 000 +20 000）÷（1 +3%）×2% =1 359.22（元）。

5. 答案：B

解析：采取直接收款方式销售货物，不论货物是否发出，均为收到销售款或者取得销售款平局的当天。

6. 答案：A

解析：酒精与小汽车从价计征，卷烟为复合计征消费税。

7. 答案：B

解析：原油和稀土税率为13%，增值电信服务税率为6%。

8. 答案：A

解析：车辆购置税的征收范围包括汽车、摩托车、电车、挂车、农用运输车，未列举的车辆不纳税。

9. 答案：A

解析：一般纳税人提供有形动产租赁服务，适用增值税税率为13%。

10. 答案：A

解析：关税纳税义务人应当自“海关填发税款缴款书之日起”15日内，向指定银行缴纳税款；如关税缴款期限届满日遇星期六、星期日等休息日或法定节假日，则关税缴纳期限顺延至休息日或法定节假日过后的第 1 个工作日。本题中，推算得知，关税缴款期限届满日为 2 月 11 日，是周六，所以向银行缴纳关税税款的最晚期限是 2 月 13 日。

11. 答案：D

解析：选项 A、B、C 不属于直接向环境排放污染物，从而不需缴纳环境保护税。

12. 答案：A

解析：房地产的交换、以房地产抵债、转让土地使用权均属于土地增值税的纳税范围。在企业兼并中，对被兼并企业将房地产转让到兼并企业中的，暂免征收土地增值税。

13. 答案：D

解析：城镇土地使用税征税对象为拥有土地使用权的单位和个人，按实际占用土地面积纳税。应纳税额 $=4\times30\ 000=120\ 000$（元）。

14. 答案：B

解析：加热、修井耗用的原油免税。应纳资源税 $=(6\ 000+1\ 500-500)\times1\ 000\times6\%=42$（万元）。

15. 答案：C

解析：非金融企业向非金融企业贷款的利息支出，不超过按照金融企业同期同类贷款利率计算的数额的部分可据实扣除，超过部分不许扣除。因此，可以扣除的利息费用为24（$400\times6\%$）万元。

16. 答案：B

解析：根据耕地占用税法的规定。

17. 答案：C

解析：尚未核发土地使用证书的，应由纳税人申报土地面积，据以纳税，待核发土地使用证以后再作调整。同时，纳税人新征用的非耕地，以纳税人实际占用的土地面积为计税依据，自批准征用次月起缴纳城镇土地使用税。所以，该公司当年应缴纳的城镇土地使用税 $=23\ 000\times2+2\ 000\times2\div12\times2=46\ 666.67$（元）。

18. 答案：D

解析：选项 D，属于特定事项的企业内部证据。

19. 答案：B

解析：选项 A，企业拨缴的工会经费，不超过工资薪金总额 2% 的部分准予扣除，超过部分不能结转以后年度扣除；选项 C，软件生产企业职工教育经费按照工资薪金总额 8% 的比例扣除；选项 D，企业发生的职工福利费支出，不超过工资薪金总额 14% 的部分准予扣除。

20. 答案：C

解析：对采取特许经营模式的饮料制造企业，饮料品牌使用方发生的不超过当年销售（营业）收入 30% 的广告费和业务宣传费支出可以在本企业扣除，也可以将其中的部分或全部归集至饮料品牌持有方或管理方，由饮料品牌持有方或管理方作为销售费用据实在企业所得税前扣除。

21. 答案：C

解析：现行税法规定，因纳税人、扣缴义务人计算等失误，未缴或少缴税款的，税务机关在3年内可以追征税款、滞纳金；未缴或少缴税款累计数额在10万元以上的，追征期可以延长到5年。

22. 答案：B

解析：现行税法规定，简易程序的适用条件之一是给予的处罚较轻，仅适用于对公民处以50元以下和对法人或其他组织处以1 000元以下罚款的违法案件。

23. 答案：D

解析：50%。

24. 答案：C

解析：契税的纳税人为承受房产权利的人，所以应该是居民甲缴纳契税。应纳契税 = (180 + 20) × 5% = 10(万元)。

二、多项选择题

1. 答案：ABCD

2. 答案：ABD

解析：含黄金、铂金成分的货物、钻石及其饰品适用增值税免税政策。

3. 答案：ABCD

解析：ABCD选项说法均正确。

4. 答案：CD

解析：选项A，一般贸易下进口货物的关税完税价格以海关审定的成交价格为基础的到岸价格作为完税价格；选项B，跨境电子商务零售进口商品的进口环节增值税、消费税取消免征额，暂按法定应纳税额的70%征收。

5. 答案：BC

解析：选项A，合伙人是自然人的，缴纳个人所得税，合伙人是法人和其他组织的，缴纳企业所得税。选项D，协商不成的，以全部生产经营所得和其他所得，按照合伙人实缴出资比例确定应纳税所得额。

6. 答案：ABD

解析：已核定最低计税价格的白酒，生产企业实际销售价格高于消费税最低计税价格的，按实际销售价格申报纳税。

7. 答案：BC

解析：选项A，纳税单位无偿使用免税单位的土地，纳税单位照章缴纳城镇土地使用税；选项D，公园、名胜古迹内的索道公司经营用地，应按规定缴纳城镇土地使用税。

8. 答案：AB

解析：回国服务留学人员现汇购买1辆自用国产小汽车免税；农用运输车不属于减免税范围。

9. 答案：AD

解析：城镇职工按规定第一次购买公有住房，免征契税。对个人购买家庭唯一住房，面积90平方米以下的减按1%的税率，90平方米以上的减按1.5%计算缴纳契税。以土地、房屋权属作价投资、入股，视同房屋买卖，由产权承受方按契税税率计算缴纳契税。

10. 答案：BC

解析：无息、贴息贷款合同免税；银行同业拆借所签订的合同也不交印花税。

11. 答案：ABD

解析：对于关联方企业之间不按照独立企业之间的业务往来收取或者支付价款、费用，而减少应纳税所得额的，税务机关有权进行调整，所采用的调整方法不包括选项C。

12. 答案：ACD

解析：不由税务机关征收或只由其代征的税费不适用《税收征收管理法》。

13. 答案：ABD

解析：选项C，除增值税专用发票外，可接受代理。

14. 答案：BCD

解析：选项A错误是因为受托方没有代收代缴消费税，委托方必须补缴消费税；选项B正确是因为企业收回的已经代收代缴的消费税的白酒再销售时，不必再缴纳消费税了；选项C正确是因为此项业务不属于委托加工业务，所以委托方企业不缴纳消费税，而应由受托方按自产自销业务缴纳消费税；选项D正确是因为将委托加工收回的特制白酒连续生产其他酒的，不缴纳消费税。

三、计算问答题

1. 答案：

（1）以旧换新销售洗衣机应该缴纳增值税 = (1 500 + 50) × 400 ÷ (1 + 3%) × 3% = 18 058.25(元)。

（2）买一赠一销售冰箱应纳增值税 = 3 000 × 300 ÷ (1 + 3%) × 3% + 100 × 300 ÷ (1 + 3%) × 3% = 27 087.38(元)。

（3）分期付款销售空调应纳增值税 = 100 × 4 000 × 20% ÷ (1 + 3%) × 3% = 2 330.1(元)。

（4）合计应纳增值税 = 18 058.25 + 27 087.38 + 2 330.1 = 47 475.73（元）。

2. 答案：

（1）2019年应缴纳的城镇土地使用税 = (65 000 − 3 000 − 1 200) × 4 = 243 200(元)。

（2）2019年应缴纳的耕地占用税 = 2 000 × 20 = 40 000（元）。

（3）2019年应缴纳的房产税 = 4 000 × (1 − 20%) × 1.2% − 200 × (1 − 20%) × 1.2% × 50% = 38.4 − 0.96 = 37.44(万元)。

出租房产 = 1.5 × 6 × 12% = 1.08（万元）。

单项核算中的中央空调也须计入房产价值缴纳房产税。

500 × (1 − 20%) × 1.2% × 4/12 = 1.6(万元)。

2019年应缴纳房产税 = 37.44 + 1.08 + 1.6 = 40.12（万元）。

解析：纳税人委托施工企业建设的房屋，自办理验收手续之次月起缴纳房产税。

3. 答案：

（1）转让写字楼取得的收入 = 10 900 ÷ (1 + 9%) = 10 000万元。

（2）确定转让房地产的扣除项目金额：

①取得土地使用权所支付的金额为1 000万元；

②房地产开发成本为2 000万元；

③地产开发费用 =（100 - 50）+（1 000 + 2 000）× 5% = 50 + 150 = 200（万元）；

④转让房地产有关的税金 = 10 000 × 9% ×（7% + 3% + 2%）= 108（万元）；

⑤转让房地产的印花税 = 10 900 × 0.5‰ = 5.45（万元）；

⑥从事房地产开发的加计扣除 =（1 000 + 2 000）× 20% = 600（万元）；

⑦扣除项目金额合计 = 1 000 + 2 000 + 200 + 108 + 5.45 + 600 = 3 913.45（万元）。

（3）计算转让房地产的增值额 = 10 000 - 3 913.45 = 6 086.55（万元）。

（4）计算增值额与扣除项目金额的比率 = 6 086.55 ÷ 3 913.45 ≈ 155.53%。

（5）计算应纳土地增值税税额：

应纳土地增值税 = 6 086.55 × 50% - 3 913.45 × 15% = 2 456.26（万元）。

解析：营改增后土地增值税的计税依据为不含增值税的收入；商品房销售合同按照产权转移数据缴纳印花税。

4. 答案：

（1）企业依照国家有关法律规定宣告破产，企业职工从该破产企业取得的一次性安置费收入、失业保险金免征个人所得税。

（2）转让量化资产股份按“财产转让所得”项目征税，应纳个人所得税 =（30 000 - 2 000）× 20% = 5 600（元）。

（3）转让专利使用权取得的收入按“特许权使用费所得”征税；应预扣预缴个人所得税 =（4 000 - 800）× 20% + 6 000 ×（1 - 20%）× 20% = 1 600（元）。

解析：企业依照国家有关法律规定宣告破产，企业职工从该破产企业取得的一次性安置费收入、失业保险金免征个人所得税。个人因与用人单位解除劳动关系而取得的一次性补偿收入，其收入在当地上年职工平均工资3倍数额以内的部分免征个税，超过3倍部分可视为一次取得数月工资，允许在一定期限内平均计算。

四、综合题

1. 答案：

（1）陈某全年综合所得应纳税所得额 = 8 000 × 12 +（10 000 + 50 000）×（1 - 20%）×（1 - 30%）+ 10 800 ×（1 - 20%）×（1 - 30%）- 60 000 - 24 000 = 51 648（元）。

陈某全年综合所得额应缴纳的个人所得税额 = 51 648 × 10% - 2 520 = 2 644.8（元）。

（2）年终奖应纳税款 = 64 000 × 10% - 210 = 6 190（元）。

（3）财产租赁所得，按月计算应纳的个人所得税，月租金 = 96 000 ÷ 12 = 8 000（元）。

月租金收入应缴纳的个人所得税 =（8 000 - 8 000 × 4%）×（1 - 20%）× 10% = 614.4（元）。

全年应缴纳的个人所得税 = 614.4 × 12 = 7 372.8（元）。

解析：个人出租住房免征印花税，自2008年3月1日起，对个人出租住房，不区分用途，按4%的税率征收房产税。

（4）转让股票暂免交个人所得税。

（5）个人将书画作品、古玩等公开拍卖取得的收入减除其财产原值和合理费用后的余额，按“财产转让所得”项目计征个人所得税。其财产原值确定方法为：能提供完整、准确的财产原值凭证的，以凭证上注明的价格为其财产原值；不能提供完整、准确的财产原值凭证，不能正确计算财产原值的，按转让收入额的3%征收率计算缴纳个人所得税。税款由拍卖单位负责代扣代缴。

转让名人字画应缴纳的个人所得税 = 80 000 × 3% = 2 400（元）。

（6）①来自A国所得抵免限额 = 8 000 × 20% = 1 600（元）。

在A国实际缴纳个人所得税400元，应补缴个人所得税 = 1 600 − 400 = 1 200（元）。

②来自B国所得的抵免限额 = 60 000 ×（1 − 20%）× 30% − 2 000 = 12 400（元），已在B国缴纳个人所得税18 000元，超过了抵免限额12 400元，超限额部分不允许在应纳税额中抵扣，但可在以后纳税年度的B国的扣除限额的余额中补扣。

③应补缴个人所得税合计1 200元。

2. 答案：

（1）应缴纳的增值税：

销项税额 = 8 000 × 13% + 56.5 ÷（1 + 13%）× 13% + 500 × 0.1582 ÷（1 + 13%）× 13% + 200 ÷（1 + 6%）× 6% = 1 066.92（万元）。

（2）可以抵扣的进项税额为754万元。

应纳增值税 = 1 066.92 − 754 = 312.92（万元）。

（3）应缴纳的城市维护建设税和教育费附加 = 312.92 ×（7% + 3% + 2%）= 37.55（万元）。

（4）企业转让股票净收益 = 7.9 × 20 − 0.7 −（20 × 3.5 + 0.3）= 87（万元）。

（5）企业当年的投资收益 = 12 + 36 + 14 = 62（万元）。

（6）企业财务费用应调增应纳税所得额 = 120 − 2 000 × 5% = 20（万元）。

（7）企业管理费用应调增应纳税所得额：

企业当年销售收入 = 8 000 + 56.5 ÷（1 + 13%）+ 500 × 0.1582 ÷（1 + 13%）+ 200 ÷（1 + 6%）= 8 308.68（万元）。

业务招待费扣除限额 = 45 × 60% = 27（万元），小于收入总额的5‰[8 308.68 × 5‰ = 41.54（万元）]。

因此，只能扣除27万元，管理费用应调增应纳税所得额 = 45 − 27 = 18（万元）。

（8）广告费用和业务宣传费用扣除限额 = 8 308.68 × 15% = 1 246.3（万元）。

实际发生额 = 740 + 60 = 800（万元），所以准予扣除，无须调整。

（9）实发工资准予扣除，无须调整。

（10）企业按规定提取职工福利费、拨缴工会经费，准予扣除；

发生的教育经费扣除标准 = 720 × 8% = 57.6（万元），应调增应纳税所得额 = 64.6 − 57.6 = 7（万元）。

（11）营业外支出应调增应纳税所得额 = 25 + 10 = 35（万元）。

（12）企业按规定提取用于环境保护方面的专项资金16万元，准予扣除，无须调整。

（13）企业2018年度的应纳税所得额＝8 308.68＋87＋62－36－12－6 650－37.55－200＋20－400＋18－800＋7＋35－16＝386.13（万元）。

因为经税务机关核准结转到本年度的待弥补亏损额为325.3万元，所以企业2019年的盈利386.13万元可以弥补亏损，弥补后盈利60.83万元（即386.13－325.3）。

（14）2019年应纳企业所得税额＝60.83×25%＝15.21（万元），因企业前三个季度已预缴企业所得税额54万元，汇算清缴时应退税额38.79万元。